Kurze
deutsche
Grammatik

D1640630

Volk und Wissen Verlag GmbH

Autoren:

Prof. Dr. Wilfried Bütow	Sprache – ein unentbehrliches
Dr. Gerhard Schreinert	Mittel der Verständigung
Dr. Gerhard Schreinert	Satzbau
Dr. sc. Renate Baudusch	und Zeichensetzung
Prof. Dr. Günter Starke	Wortarten
Prof. Dr. Johannes Zech	und Wortformen
Prof. Dr. Joachim Riehme	Wortbildung
Prof. Dr. Günter Starke	

Herausgeber:

Prof. Dr. Wilfried Bütow
Dr. Gerhard Schreinert

ISBN 3-06-101723-2

1. Auflage
© Volk und Wissen Verlag GmbH, Berlin 1993
Printed in Germany
Satz: R. Benens & Co., Berlin
Druck und Binden: Druckhaus „Thomas Müntzer" GmbH
Redaktion: Inge Barthel, Helena Fischer
Einband: Gerhard Medoch

Inhaltsverzeichnis

Die vorliegende Auflage der „Kurzen deutschen Grammatik" ist eine überarbeitete und gekürzte Fassung der 1. Auflage von 1982. Im gleichen Jahr gab es die Empfehlung der Kultusministerkonferenz, die grammatischen Fachausdrücke im Schulunterricht zu vereinheitlichen und hier und da zu vereinfachen. Diese Empfehlung wie auch die inzwischen dazu gewonnenen Einsichten wurden bei der Überarbeitung berücksichtigt. In wichtigen Fällen wurde auf Unterschiede im Begriffsgebrauch hingewiesen.

Die Herausgeber

1. Sprache – ein unentbehrliches Mittel der Verständigung

Blättert man in diesem Buch, so melden sich vielleicht Zweifel, ob man all das wissen muß, was darin über Sprache gesagt wird. Schließlich gebrauchen wir die Sprache täglich, ohne daran zu denken, nach welchen Regeln wir das tun.

Was müssen wir nun tatsächlich von unserer Sprache wissen?

Kommen wir in ein Land, in dem eine andere Sprache gesprochen wird, merken wir sehr schnell, was wir wissen müssen, um uns verständigen zu können: Zunächst brauchen wir Wörter, mit denen wir Gegenstände, Vorgänge oder andere Erscheinungen bezeichnen können. Wir müssen aber auch wissen, wie man Wörter zu Sätzen, zu Mitteilungen fügt.

Für den Erwerb unserer Muttersprache scheint das auf den ersten Blick nicht zu gelten. Als Kind lernen wir die Sprache scheinbar „von selbst". Wir nehmen sprachliche Äußerungen mit dem Ohr auf, ahmen sie nach und begreifen allmählich, was man uns sagt und wie wir uns selbst verständlich machen können. Dies ist möglich, weil der Sprachgebrauch auf bestimmten „Übereinkünften" beruht. Es ist gewissermaßen festgelegt, was die Wörter bezeichnen bzw. was sie bedeuten und nach welchen Regeln sie miteinander verbunden werden. Dieses Wissen erwirbt man sehr früh durch mündliche sprachliche Tätigkeit. Es wird im Laufe der Jahre – in erster Linie durch den Sprachgebrauch selbst – ergänzt und differenziert.

Geschriebenes zu lesen und Texte richtig zu schreiben erfordert darüber hinaus Kenntnisse und Fähigkeiten, die bewußt und systematisch angeeignet werden müssen. Grundlage hierfür bildet der Erwerb des Buchstabenalphabets und seiner Lautbedeutungen. Orthographisch richtig zu schreiben zum Beispiel hängt in hohem Maße davon ab, welche Kenntnisse man vom Bau und von der Art der Wörter besitzt. Um die Regeln der Zeichensetzung zu beherrschen, muß man wissen, daß Sätze und bestimmte Einheiten des Satzes durch Interpunktionszeichen von anderen abgetrennt werden. Wir brauchen daher Kenntnisse über die Merkmale des Satzes und über den Satzbau.

Für den richtigen mündlichen und schriftlichen Sprachgebrauch ist also ein umfangreiches und sicheres Wissen von der Sprache unerläßlich.

Warum müssen wir die Sprache beherrschen?

Das Bedürfnis, sich anderen mitzuteilen, mit ihnen zu kommunizieren, gehört zum Menschen von frühester Zeit an. Sich mit anderen zu verständigen war und ist lebensnotwendig. Anfangs geschah diese Kommunikation durch Laute, Geräusche, Gesten oder andere Zeichen.

Die begriffliche Sprache hat sich erst über einen sehr langen Zeitraum von ein bis zwei Millionen Jahren herausgebildet, über den wir immer noch mehr vermuten als wissen.

Sprache ist uns heute ein unersetzbares „Lebensmittel". Sie „dient allen menschlichen Bedürfnissen, sie dient der Vernunft wie dem Gefühl, sie ist Mitteilung und Gespräch, Selbstgespräch und Gebet, Bitte, Befehl und Beschwörung"[1]. Wie Essen und Trinken braucht Sprache im Umgang ein richtiges Maß und eine Kultur. Sprache kann aufblühen und verdorren, sie muß gepflegt und vor Mißbrauch und Verschandelung geschützt werden.

Sprache erfüllt eine kommunikative und eine kognitive Funktion. Sie dient dazu, Wahrnehmungen, Gefühle und Gedanken auszudrücken und auszutauschen; sie ermöglicht uns, Wissen und Erfahrungen festzuhalten, zu bewahren und schriftlich oder mündlich weiterzugeben.

Ohne Zeitungen, Zeitschriften und Bücher, aber auch ohne Rundfunk, Film und Fernsehen ist Bildung als Erfahrungs- und Erkenntnisgewinn heute undenkbar. Wir können uns zwar auch mit Hilfe von Bildern, Tönen und Bewegungen anderen mitteilen, und wir benutzen Symbole und Formeln, um uns über wissenschaftliche Sachverhalte in einer zweckmäßigen Form zu verständigen, keine dieser Kommunikationsformen bietet jedoch so breite Anwendungsmöglichkeiten in der Praxis wie die Sprache. Sie stellt ein überaus exaktes Mittel der Verständigung dar; ohne sie ist Leben und Wirken in Gemeinschaften undenkbar.

Sprache ist etwas Lebendiges; sie reagiert auf Entwicklungen im Leben der Menschen, andererseits bewahrt sie, was sich über viele Generationen herausgebildet hat.

Entwicklungen in Inhalt und Form der Sprache sowie in ihrem Gebrauch sind mit den Entwicklungen in der Gesellschaft unlösbar verbunden – erkennbar vor allem am Wortschatz; denn er widerspiegelt, und dies oft sogar erstaunlich rasch, Veränderungen in Technik und Wissenschaft, in Kultur und Politik ebenso wie veränderte Beziehungen der Menschen in der Arbeitswelt, im Alltag, im Leben überhaupt. Für den Zeitgenossen gesellschaftlicher Umbrüche zeigt sich dies am Aufkommen und Zurücktreten von Wörtern und Wendungen, besonders eindrucksvoll an geänderten Wortwerten und an Worthäufigkeiten, am Wandel der Bedeutung von Leitbegriffen für das Zusammenleben der Menschen.

Sprache könnte ihre kommunikative und kognitive Funktion nicht erfüllen, wenn sie andererseits nicht auch in Form und Inhalten wesentlich konstant bliebe. Die Bezeichnung von Gegenständen und Tätigkeiten ist sicher ein auch in dieser Hinsicht wesentlicher Vorgang in der Sprachentwicklung. Es mußten jedoch auch Mittel ausgebildet werden, mit deren Hilfe zum Ausdruck gebracht werden kann, in welcher Beziehung die bezeichneten Gegenstände und Tätigkeiten zueinander stehen.

---

[1] Klemperer, Victor: LTI. Notizbuch eines Philologen. Halle 1957, S. 23

Die Mittel und Möglichkeiten, diese (vielfältigen) gedanklichen Beziehungen zu kennzeichnen, bilden die Grammatik einer Sprache. So bieten beispielsweise Deklination, Konjugation und Wortstellung im Satz Möglichkeiten, Beziehungen exakt auszudrücken. Es ist leicht einzusehen, daß die Ausbildung solcher grammatischer Mittel ebenso zwingend war wie das Schaffen von Bezeichnungen. Ihre Kenntnis und Anwendung ist ein Merkmal der Sprachbeherrschung und ermöglicht dem Heranwachsenden auch, rascher andere Sprachen zu erlernen, deren Grammatik zu verstehen und ihr im Sprachgebrauch zu entsprechen.

In welchen Erscheinungsformen begegnet uns Sprache?

In diesem Zusammenhang stellt sich die Frage nach den beiden Erscheinungsformen der Sprache: nach der gesprochenen und nach der geschriebenen (bzw. gedruckten) Sprache. Dahinter verbirgt sich die Frage nach den Unterschieden und den Gemeinsamkeiten in den Anforderungen an den Sprecher/Hörer und an den Schreiber/Leser.

Die mündliche Sprache, wie sie gesprochen wird, wenn man sich vor einem (größeren) Zuhörerkreis äußert, bezeichnet man als die mündliche Form der Literatursprache oder Hochsprache. Diese Sprachform wird von allen Menschen eines Sprachgebiets gut verstanden und dient als Vorbild bei der Erziehung zu gutem und korrektem Sprechen. Landläufig nennt man sie Hochdeutsch.

Hochdeutsch klingt in der Regel bei Sprechern aus dem südlichen Teil des deutschen Sprachgebiets anders als bei Sprechern aus dem nördlichen Teil; die Unterschiede sind aber nicht so groß, daß die Verständigung beeinträchtigt wird. Weitgehende Übereinstimmung besteht in der Verwendung des Wortschatzes und in der Grammatik.

Im spontanen mündlichen Gedankenaustausch begegnet man meist der sogenannten Umgangssprache. Sie enthält auch Wörter und Wendungen, die in der Hochsprache nicht üblich sind; auch in der Grammatik entspricht sie nicht immer den hochsprachlichen Normen. Die dialektale Klangfärbung tritt in der Umgangssprache verstärkt in Erscheinung.

Als eine andere Erscheinungsform der gesprochenen Sprache kennen wir die Mundart oder den Dialekt. Mundarten oder Dialekte sind regional gebundene Sprachformen, die bestimmte, in anderen Gegenden ungebräuchliche Wörter, Wortformen oder Ausdrücke enthalten und die noch stärker als die Umgangssprache von den Normen der Hochsprache abweichen.

Hochsprache, Umgangssprache und Dialekt existieren gleichberechtigt nebeneinander, lassen sich aber nicht willkürlich gegeneinander austauschen. So ist zum Beispiel ein Vortrag über einen wissenschaftlichen Gegenstand im Dialekt oder in der Umgangssprache kaum denkbar. Andererseits besteht kein Anlaß, im vertrauten Gespräch den heimischen Dialekt oder die gewohnte Umgangssprache durch die Hochsprache zu ersetzen. Welche Sprachform man wählt, hängt vom Gegenstand des Gesprächs und von den Partnern ab, mit denen man das Gespräch führt.

In der geschriebenen Sprache liegen die Dinge ein wenig anders. Zunächst schreibt man in der Regel nicht so, wie man sprechen würde. Über die Jahrhunderte hin sind bestimmte Eigengesetzlichkeiten der schriftlichen Verständigung wirksam geworden, die dazu geführt haben, daß sich die geschriebene Sprache von der gesprochenen unterscheidet:

- Geschriebene Sprache kann immer wieder nachgelesen und überprüft werden, während gesprochene Sprache im allgemeinen nicht abrufbar ist. Dadurch, daß visuelle Wahrnehmung intensiver ist als akustische, fallen Fehler oder Ungenauigkeiten im geschriebenen Text stärker auf als im gesprochenen. Die Anforderungen an das Schreiben sind daher aus diesen Gründen höher als an das Sprechen.
- Der Verfasser einer schriftlichen Mitteilung ist in der Regel nicht anwesend, wenn sie gelesen wird. Der Leser kann also nicht rückfragen, wenn er etwas nicht oder nicht genau versteht. Deshalb muß der schriftliche Text so eindeutig abgefaßt werden, daß Mißverständnisse von vornherein ausgeschlossen sind. Der Schreiber muß mögliche Reaktionen seines Lesers mitdenken und sie beim Schreiben in Rechnung stellen.
- Der Verfasser eines schriftlichen Textes ist bei der Wiedergabe seiner Gedanken allein auf die Möglichkeiten angewiesen, die der Wortschatz und die Grammatik zum eindeutigen und angemessenen Ausdruck bieten. Dies zwingt ihn zu klaren Formulierungen. Der Sprecher, der im allgemeinen in direktem Kontakt zum Hörer steht, kann dagegen die zusätzlichen Möglichkeiten der Betonung, der Modulation der Stimme, des Einschiebens von Sprechpausen, der Veränderung des Sprechtempos, der Wiederholung u. ä. wahrnehmen.
- Schreiben und Lesen sind anstrengender und aufwendiger als Sprechen und Hören. Der Verfasser eines schriftlichen Textes wird daher in der Regel bestrebt sein, sich so knapp wie möglich auszudrücken. Das geschieht oft dadurch, daß er das, was er beim Sprechen in mehreren Sätzen sagen würde, in einem Satz zusammenfaßt. Dadurch entstehen vielfach Sätze, die innerhalb einer mündlichen Mitteilung schwer überschaubar wären, während sie im geschriebenen Text mühelos erfaßt werden können. Dieses letztere hängt sowohl mit dem schnelleren und intensiveren Aufnehmen als auch mit der im allgemeinen gegebenen höheren Konzentration beim Lesen zusammen.
Der Tendenz zu kürzeren, leicht verständlichen Sätzen in der gesprochenen Sprache steht folglich das Streben nach Gedrängtheit in der geschriebenen gegenüber, das vielfach zum Bau längerer Sätze führt.

Inhalt und Form sprachlicher Mitteilung – ob mündlich oder schriftlich – werden in der Regel durch Intentionen bestimmt. Eine sprachliche Mitteilung ist folglich so zu gestalten, daß der Hörer oder Leser möglichst genau verstehen kann, was der Sprecher oder Schreiber zum Ausdruck bringen will. Eine wichtige Voraussetzung hierfür sind Kenntnis und Beherrschung der wesentlichen sprachlichen Normen. Das vorliegende Buch kann dabei helfen, dieses Wissen zu erwerben und richtig anzuwenden, denn es enthält wichtige Erkenntnisse über die Gliederung der Sprache in Wörter, Wortgruppen und Sätze, über den Bau der Wörter und ihre Einteilung in Wortarten – kurz, über die Grammatik.

2. Satzbau und Zeichensetzung

2.1. Wesen und Erscheinungsformen des Satzes

Eine Folge zusammengehörender Wörter, die eine Aussage, eine Frage oder eine Aufforderung zum Ausdruck bringen, nennen wir einen Satz: **1**

> Ich gehe heute nachmittag ins Naturkundemuseum. (Aussage)
> Warst du schon einmal dort? (Frage)
> Komm doch mit! (Aufforderung)

Manchmal bringt auch ein einzelnes Wort eine Aussage, eine Frage oder eine Aufforderung zum Ausdruck: **2**

> Ja. – Nein.
> Warum? – Wirklich?
> Komm! – Hilfe!

Zwei (oder mehr) Sätze können zu einem zusammengesetzten Satz zusammengeschlossen sein. Daher unterscheidet man einfache Sätze und zusammengesetzte Sätze: **3**

> <u>Einfache Sätze</u>
> Erst muß der Zug halten.
> Vorher darf niemand einsteigen.
> Martina und Ute suchen die reservierten Plätze.
> Wir anderen bleiben beim Gepäck.
>
> <u>Zusammengesetzte Sätze</u>
> Bevor der Zug hält, darf niemand einsteigen.
> Martina und Ute suchen die reservierten Plätze, (und) wir anderen bleiben beim Gepäck.

Die Sätze, aus denen ein zusammengesetzter Satz besteht, nennt man Teilsätze. Sie werden in der Regel durch Komma voneinander abgegrenzt: **4**

> Sobald die Plätze gefunden sind,
> (1. Teilsatz)
> bringen Jörg und ich die schweren Gepäckstücke.
> (2. Teilsatz)
>
> Der Zug hat nur wenige Minuten Aufenthalt,
> (1. Teilsatz)
> deshalb müssen wir uns sehr beeilen.
> (2. Teilsatz)

5   Die Teilsätze zusammengesetzter Sätze lassen sich nach Hauptsätzen und Nebensätzen unterscheiden.

- Einen Teilsatz, der nicht von einem anderen Teilsatz abhängig ist, nennt man
  einen H a u p t s a t z.
- Als N e b e n s a t z bezeichnet man einen Teilsatz, der einem anderen Teilsatz
  untergeordnet ist. Untergeordnet ist ein Teilsatz dann, wenn er Angaben eines
  anderen Teilsatzes näher bestimmt:

  Sie warteten auf dem Bahnsteig, bis der Zug einlief.
  1. Teilsatz (Hauptsatz)   2. Teilsatz (Nebensatz)

Die Abhängigkeit eines Nebensatzes erkennt man am deutlichsten daran, ob er
ein Glied bzw. Gliedteil eines anderen Teilsatzes ist. Als Satzglied kann er Subjekt, Objekt oder Adverbialbestimmung/Adverbial sein, als Gliedteil Attribut.

Sie warteten auf dem Bahnsteig, bis der Zug einlief.
Wie lange warteten sie auf dem Bahnsteig?
... bis der Zug einlief. (2. Teilsatz: Temporalbestimmung)

Nebensätze, die ein Satzglied vertreten, bezeichnet man auch als G l i e d s ä t z e[1],
den Attributsatz auch als G l i e d t e i l s a t z.

6   Der Nebensatz/Gliedsatz ist in den meisten Fällen an der Stellung der finiten
Verbform erkennbar.

- Die finite Verbform steht im Nebensatz an letzter Stelle, wenn er durch eine
  unterordnende Konjunktion, durch ein Relativpronomen oder durch ein
  Fragewort eingeleitet ist (↗ Z 64):

  Wir freuen uns, *daß* du gekommen *bist.*
  (Hauptsatz)   (Nebensatz)

  Ich habe einen Brief geschrieben, *den* ich noch schnell zur Post bringen *will.*
  (Hauptsatz)   (Nebensatz)

  Wann ich wieder nach Hause *fahre,* weiß ich nicht.
  (Nebensatz)   (Hauptsatz)

- Es gibt auch Nebensätze, in denen die finite Verbform an erster Stelle steht:

  Kommt der Zug pünktlich an, dann erreichen wir den Anschlußzug.
  (Nebensatz)   (Hauptsatz)

  Hätten wir weniger zu tragen, so könnten wir schneller laufen.
  (Nebensatz)   (Hauptsatz)

---

[1] Die Begriffe *Nebensatz* und *Gliedsatz* werden auch synonym gebraucht. Der Begriff *Nebensatz*
umfaßt jedoch neben Gliedsätzen und Gliedteilsätzen auch weiterführende Nebensätze (Das Kon-
zert fiel aus, *was sehr bedauert wurde.*).
Der Fachausdruck *Gliedsatz* wird im weiteren zum Fachausdruck *Nebensatz* gestellt, um zu verdeutlichen, daß die genannten Merkmale für beide Einteilungen gelten.

Zusammengesetzte Sätze können – ebenso wie einfache Sätze – Aussagen, Fragen
oder Aufforderungen sein. Deshalb unterscheidet man einfache und zusammengesetzte Sätze nach Aussagesätzen, Fragesätzen und Aufforderungssätzen
(↑ Z 10–17):

Aussagesatz
Einfacher Aussagesatz:
Über dein Geburtstagsgeschenk freue ich mich sehr.
Zusammengesetzter Aussagesatz:
Ich freue mich über das Buch, das du mir geschenkt hast.

Fragesatz
Einfacher Fragesatz:
Kommst du mit auf den Sportplatz?
Wann beginnt das Spiel?
Zusammengesetzter Fragesatz:
Soll ich warten, bis du fertig bist?
Können Sie mir sagen, wann die Vorstellung beginnt?

Aufforderungssatz
Einfacher Aufforderungssatz:
Schreibe dir unsere Telefonnummer auf!
Komm schnell her!
Zusammengesetzter Aufforderungssatz:
Nimm den Regenschirm mit, denn es ist ein Gewitter angesagt!
Zieh dich warm an, damit du dich nicht erkältest!

Hier gibt es auch andere Einteilungsvorschläge. Es wird z. B. neben Aussage-,
Frage- und Ausrufesatz als weitere Gruppe der Satzarten der Wunschsatz aufgeführt. Darunter werden auch Aufforderungs- und Befehlssatz gefaßt.

Wenn ein einfacher Satz (oder der Hauptsatz eines zusammengesetzten Satzes)
nicht mit einem Fragewort beginnt, dann kennzeichnet die Stellung der finiten
Verbform, zu welcher Satzart er gehört.

- Steht die finite Verbform in einem solchen Satz an zweiter Stelle, dann handelt
  es sich in der Regel um einen Aussagesatz.
  Alles, was der finiten Verbform in einem solchen Satz vorausgeht, bildet die
  erste Stelle:
  Wir verbrachten zwei wunderschöne Ferienwochen auf einem Campingplatz in der Sächsischen
  Schweiz.
  Fast jeden Tag machten wir eine Wanderung in die landschaftlich reizvolle Umgebung von Bad
  Schandau.
  Eine Dampferfahrt nach Dresden war unser schönstes Erlebnis.

- Geht der finiten Verbform ein Fragewort voraus, dann gehört der Satz zu den
  Fragesätzen:
  Wann fährst du nach Berlin?
  Wer kommt mit?
  Wo wollt ihr übernachten?

- Steht in einfachen Sätzen (oder in Hauptsätzen, denen kein Nebensatz vorausgeht) die finite Verbform an erster Stelle, dann handelt es sich entweder um Fragesätze oder um Aufforderungssätze:

<u>Fragesätze</u>
Hast du ein Taschenmesser bei dir?
Können Sie mir bitte sagen, wie spät es ist?
(Hauptsatz)   (Nebensatz)

<u>Aufforderungssätze</u>
Beeile dich beim Anziehen!
Bring dein Fahrrad mit, wenn du uns in den Ferien besuchst!
(Hauptsatz)   (Nebensatz)

Zusammenfassende Übersicht

1. Ein Satz kann eine Aussage, eine Frage oder eine Aufforderung zum Ausdruck bringen.
   Danach unterscheidet man Aussage-, Frage- und Aufforderungssätze.
2. Es gibt einfache und zusammengesetzte Sätze.
   Die Sätze, aus denen ein zusammengesetzter Satz besteht, nennt man Teilsätze. Sie werden in der Regel durch Komma voneinander abgegrenzt.
   Teilsätze eines zusammengesetzten Satzes können Hauptsätze oder Nebensätze / Gliedsätze sein.
3. Eine wichtige Rolle für den deutschen Satzbau spielt die Stellung der finiten Verbform:
   – Steht die finite Verbform an zweiter Stelle, dann ist der Satz ein Aussagesatz oder ein Fragesatz mit Fragewort.
   – Steht die finite Verbform an erster Stelle, dann kann der Satz ein Fragesatz ohne Fragewort oder ein Aufforderungssatz sein.[1]
   – Steht in einem Teilsatz die finite Verbform an letzter Stelle und hat er ein Einleitewort, dann ist der Teilsatz ein Nebensatz.

---

[1] In selteneren Fällen kann die Erststellung der finiten Verbform bei einem Teilsatz das Merkmal eines Nebensatzes sein (↑ Z 6).

2.2. Die Satzarten und ihre Satzschlußzeichen

Aussage-, Frage- und Aufforderungssätze werden gesprochen oder geschrieben. 9
Der geschriebene Satz wird durch ein Satzschlußzeichen vom benachbarten Satz
abgegrenzt.

2.2.1. Aussagesätze

Aussagesätze sind Mitteilungen von Sachverhalten: 10

> Unsere Klasse hat gestern die Sternwarte besucht.
> Wir haben den Saturn durchs Spiegelteleskop betrachtet.

Ein wichtiges Merkmal des Aussagesatzes ist die Zweitstellung der finiten Verb- 11
form (↑ Z 8, 59).

Alles, was im Aussagesatz vor der finiten Verbform steht oder stehen kann, bildet 12
eine Einheit oder einen Bauteil des Satzes, den man gewöhnlich als Satzglied
bezeichnet. Diese Einheit nimmt im Aussagesatz die erste, die finite Verbform
infolgedessen die zweite Stelle ein (↑ Z 60):

> Einfacher Satz
> *Der Besuch der Sternwarte war* sehr interessant.
> *Zum erstenmal habe* ich den Ring des Saturn gesehen.

> Zusammengesetzter Satz
> (Hier steht manchmal ein Nebensatz vor der finiten Verbform des Hauptsatzes:)
> *Seitdem der Mensch die Schwerkraft der Erde überwinden kann, hat* die Erforschung des Sonnen-
> systems große Fortschritte gemacht.
> *Er schickt* Flugkörper zu den entferntesten Planeten, *er wird* eines Tages auch Raumsonden zu
> anderen Sonnensystemen entsenden.

Am Ende des (einfachen und des zusammengesetzten) Aussagesatzes steht in der 13
Regel ein Punkt. Es gibt folgende A u s n a h m e n :

- Der Punkt steht nicht nach Überschriften[1] – selbst dann nicht, wenn sie aus
  einem vollständigen Aussagesatz bestehen:

  > Änderungen im Zugverkehr (Überschrift einer Zeitungsnotiz)
  > Die Toten bleiben jung (Buchtitel)

- Der Punkt steht nicht nach Unterschriften – auch dann nicht, wenn die Unter-
  schrift das Ende eines Aussagesatzes bildet:

  > Die besten Grüße sendet Dir
  > Dein Freund Klaus

2.2.2. Fragesätze

Fragesätze können Ergänzungsfragen oder Entscheidungsfragen zum Ausdruck 14
bringen. Am Ende des Fragesatzes steht ein Fragezeichen.

---

[1] Das Frage- bzw. Ausrufezeichen muß dagegen auch bei Überschriften gesetzt werden.

- Ergänzungsfragen beginnen mit einem Fragewort und erfordern als Antwort eine Ergänzung, die dem Fragewort entspricht:

  Wer hat diesen Handschuh verloren? (*Ich ...*)
  Wo hast du ihn gefunden? (*... im Treppenhaus ...*)

- Entscheidungsfragen beginnen mit der finiten Verbform. Als Antwort auf eine Entscheidungsfrage wird *Ja* oder *Nein* erwartet:

  Fährst du mit ins Zeltlager?
  Kannst du schon schwimmen?

  Entscheidungsfragen können auch die Form eines Aussagesatzes haben:

  Du fährst nach Rostock? – Ihr seid schon fertig?

  In diesem Fall wird beim Sprechen am Satzende die Stimme gehoben. (Bei den anderen Fragesätzen ist das nicht unbedingt erforderlich; denn sie sind durch das Fragewort bzw. durch die Erststellung der finiten Verbform hinreichend als Fragen gekennzeichnet.)

15 Fragesätze können auch zusammengesetzte Sätze sein:

  Wo wollen wir uns treffen, wenn ich nach Berlin komme?
  Ist es wahr, daß du die Ferien am Bodensee verbringen wirst?

2.2.3. Aufforderungssätze

16 Der Aufforderungssatz bringt zum Ausdruck, daß von jemandem etwas erwartet oder verlangt wird:

  Besucht uns bald wieder einmal! – Unterschreibe bitte hier rechts!

17 Am Ende eines Aufforderungssatzes steht in der Regel ein Ausrufezeichen:

  Sei pünktlich! – Komm mit! – Leih mir bitte das Buch!

2.2.4. Ausrufe

18 Ausrufe werden immer durch Ausrufezeichen gekennzeichnet:

  Hallo! – Au! – Los! – So ein Unsinn!

19 Ausrufe gibt es auch in Form von Aussagesätzen und von Fragesätzen:

  Der Zug kommt! – Wer hätte das gedacht! – Ist das die Möglichkeit!

20 Zuweilen haben Ausrufe die Form von Nebensätzen:

  Wenn es doch erst Frühling wäre!

2.3. Der Bau des einfachen Satzes

2.3.1. Wörter und Wortgruppen als Bauteile des einfachen Satzes

2.3.1.1. Wort – Wortgruppe – Satz

Die Wörter eines Satzes sind meist nicht unmittelbar Bauteile des Satzes, sondern 21
Bauteile von Wortgruppen. Die Wortgruppen sind dann die Bauteile des Satzes.

Satz:	Unsere Klasse besucht am Montag das Heimatmuseum.
Wörter:	Unsere / Klasse / besucht / am / Montag / das / Heimatmuseum.
Wortgruppen:	unsere Klasse am Montag das Heimatmuseum

Manchmal steht an der Stelle einer Wortgruppe auch ein einzelnes Wort: 22

Unsere Klasse besucht *am Montag* das Heimatmuseum.
Petra   besucht *morgen*   das Heimatmuseum.

Zuweilen bilden zwei Wörter allein die Bauteile eines Satzes: 23

Wahrheit siegt. – Rosen duften.

2.3.1.2. Die Arten der Wortgruppen

Die substantivische/nominale Wortgruppe

Die Wörter innerhalb einer Wortgruppe sind nicht gleichrangig. Stets bildet ein 24
Wort den Bezugspunkt des anderen Wortes oder der anderen Wörter.
Es gibt Wortgruppen, die als Bezugspunkt ein Substantiv[1], und Wortgruppen, die
als Bezugspunkt ein Verb haben. Danach unterscheiden wir substantivische/
nominale und verbale Wortgruppen:

substantivische Wortgruppen	verbale Wortgruppen
der junge *Apfelbaum*	Früchte *tragen*
das *Haus* am Waldrand	einen neuen Anstrich *erhalten*

Zu den einfachen Formen substantivischer Wortgruppen gehören Substantive mit 25
Artikel[2] und Substantive mit Präposition:

die Frau, der Mann, das Kind, die Menschen; ein Mann, eine Frau;
mit Mühe, aus Überzeugung, nach Feierabend, vor Sonnenaufgang.

Einfache Formen der substantivischen Wortgruppen sind auch Substantive, die 26
durch ein vorangestelltes Adjektiv, Numerale oder Pronomen näher bestimmt
sind:

frohe Lieder; zwei Freunde; unsere Wohnung.

---

[1] Für *Substantiv* wird häufig auch der Begriff *Nomen* verwendet. Vgl. hierzu die Anmerkungen auf
S. 44.
[2] In manchen Grammatiken werden solche Wortgruppen als Einzelwörter betrachtet.

27 Auch Substantive, die durch ein nachgestelltes einzelnes Wort näher bestimmt sind, stellen einfache Formen der substantivischen Wortgruppen dar:

> Röslein rot; Brüderlein fein.

28 Kompliziertere Formen entstehen, wenn das Substantiv durch eine andere Wortgruppe näher bestimmt wird:

> die Straßen *der kleinen Stadt*;
> ein Berg *mit einem schneebedeckten Gipfel*.

29 Ein Substantiv kann auch durch mehrere Wörter und Wortgruppen näher bestimmt werden:

> *der neu angelegte* Park *am Rande unserer Stadt*;
> *die mit Wegweisern versehenen* Wanderpfade *in der Sächsischen Schweiz*.

30 Substantive mit Artikel, Numerale oder Pronomen können einen Rahmen bilden, in den nähere Bestimmungen eingeschoben werden:

> *die* frohen *Lieder; zwei* gute *Freunde; unsere* neue *Wohnung*.

31 Die nähere Bestimmung ist stets dem näher Bestimmten untergeordnet (subordiniert). Zwischen den näheren Bestimmungen und dem von ihnen näher bestimmten Substantiv steht in der Regel kein Komma:

> Die | hohen | | Berge| | im Süden des Landes | waren das | Ziel | | unserer diesjährigen Ferienreise. |

32 Haben nähere Bestimmungen den Charakter von Aufzählungen, dann besteht zwischen den Gliedern der Aufzählung das Verhältnis der Nebenordnung oder Reihung (Koordination). Das muß entweder durch Komma oder durch *und, oder, sowie* gekennzeichnet werden:

> Das nasse, brüchige Gestein erschwerte den Aufstieg.
> Das nasse *und* brüchige Gestein erschwerte den Aufstieg.

33 Nähere Bestimmungen eines Substantivs nennt man Attribute. Sie treten nicht nur in Form von Einzelwörtern und substantivischen/nominalen Wortgruppen, sondern auch in Form von Infinitiven mit *zu* und Nebensätzen auf (↗ Z 79).

Die verbale Wortgruppe

34 Verbale Wortgruppen bestehen aus einem Verb und seinen näheren Bestimmungen.
Die näheren Bestimmungen des Verbs können die Form eines einzelnen Wortes und (oder) die Form einer substantivischen/nominalen Wortgruppe haben.

- Verbale Wortgruppen, in denen die nähere Bestimmung des Verbs ein einzelnes Wort ist:

> *bald* kommen
> *Wasser* holen
> *freundlich* sein

- Verbale Wortgruppen, in denen die nähere Bestimmung des Verbs eine substantivische Wortgruppe ist:

mit dem nächsten Zug kommen
trockenes Holz holen
ein guter Freund sein

Enthält eine verbale Wortgruppe mehrere nähere Bestimmungen, dann bezieht   35
sich nicht jede von ihnen unmittelbar auf das Verb:

Die verbale Wortgruppe kann im Satz verschiedenartige Aufgaben erfüllen.   36

- Sie kann einem Subjekt zugeordnet sein:

verbale Wortgruppe: eine bedeutende Wissenschaftlerin sein
Satz: Marie Curie *war eine bedeutende Wissenschaftlerin.*

- Sie kann in Form des erweiterten Infinitivs mit *zu*
  - als nähere Bestimmung eines Substantivs (die Furcht, *in ein Unwetter zu geraten*),
  - als nähere Bestimmung eines Verbs (fürchten, *in ein Unwetter zu geraten*)
  - oder als Subjekt (*Ein Feuer anzuzünden* gelang uns nicht.)
  verwendet werden.

- Sie kann in Form des erweiterten Partizips als
  - nähere Bestimmung eines Substantivs (der Park, *erst neu angelegt*),
  - nähere Bestimmung eines Verbs (*jedes Geräusch vermeidend*, schlich)
  oder gelegentlich auch als
  - Subjekt (*Frisch gewagt* ist halb gewonnen.)
  auftreten.

2.3.2.   Subjekt und Prädikat – die beiden Hauptglieder des Satzes

Die Beziehung Subjekt – Prädikat bildet die Grundlage des Satzes und ist die Basis   37
für Erweiterungen:

Der Zug   fährt ab.   *Unser* Zug fährt *heute vom Bahnsteig C* ab.
(Subjekt) (Prädikat)

Die Verbindung zwischen Subjekt und Prädikat wird durch die finite Verbform   38
hergestellt, indem sie in Person und Numerus (Einzahl oder Mehrzahl) mit dem
Subjekt in Übereinstimmung (Kongruenz) gebracht wird:

Schneefälle haben zu Verkehrsstörungen geführt.
Starker Schneefall hat zu Verkehrsstörungen geführt.

- Hat ein Satz zwei Subjekte im Singular, dann steht die finite Verbform im Plural:

Antje und Karsten *holten* die Mutter vom Bahnhof ab.

- Wenn man ausdrücken will, daß zwei Subjekte eine Einheit bilden, kann man die finite Verbform im Singular verwenden:

  Schnee und Eis *bedeckte* den Gipfel des Berges.

- Treten zwei Personalpronomen unterschiedlicher Person als Subjekte auf, faßt man sie gewöhnlich durch ein drittes Pronomen zusammen. Vor dem zusammenfassenden Pronomen steht dann stets ein Komma:

  Du und ich, *wir* waren damals dabei.
  Du und er, *ihr* wart damals dabei.

39 Auch Teilsätze zusammengesetzter Sätze enthalten Subjekt und Prädikat:

  Der Wetterdienst / hat gemeldet,
  (Subjekt)   (Prädikat)

  daß / keine weiteren Schneefälle / zu erwarten sind.
  (Subjekt)   (Prädikat)

Die einleitende Konjunktion eines Teilsatzes gehört weder zum Subjekt noch zum Prädikat.

40 Das Subjekt eines Satzes steht nicht immer am Satzanfang:

  Seit den frühen Morgenstunden werden *Schneefräsen* eingesetzt.
  Möglicherweise bessert sich morgen *das Wetter*.

2.3.2.1. Die Formen des Subjekts

41 Das Subjekt ist in der Regel die Einheit des Satzes, auf die sich das Prädikat bezieht:

  | Mein Bruder | | | ist verreist. |

42 Die Beziehung zwischen Subjekt und Prädikat ist unabhängig davon, an welcher Stelle im Satz das Subjekt steht:

  Die Gipfel der Berge erglühten im Schein der Abendsonne.
  Im Schein der Abendsonne erglühten *die Gipfel der Berge*.

43 Die häufigsten Formen des Subjekts sind das Substantiv/Nomen und seine Stellvertreter (Pronomen und Numeralien) sowie die substantivische/nominale Wortgruppe:

  Der Bürgermeister begrüßte den Ehrengast.
  Er   begleitete ihn zur Tribüne.
  Von fern hörte *man* eine Blaskapelle.
  In N. wird *ein neues Krankenhaus* eingeweiht.

44 Substantive (oder ihre Stellvertreter), die – allein oder als Bestandteil einer substantivischen Wortgruppe – Subjekt sind, stehen im Nominativ.

Im einfachen Satz kann das Subjekt auch die Form eines einfachen oder eines 45
erweiterten Infinitivs mit *zu* haben[1] (↑ Z 88):

> Es war ihm ein Bedürfnis, *zu helfen.*
> *Zu helfen* war ihm ein Bedürfnis.
>
> Es machte ihm Freude, *anderen zu helfen.*
> *Anderen zu helfen* machte ihm Freude.

In seltenen Fällen tritt das Subjekt im einfachen Satz auch in Form des einfachen 46
oder des erweiterten Partizips auf (↑ Z 93):

> *Gelernt* bleibt gelernt.
> *Gut gelaufen* ist besser als schlecht gefahren.

Das Subjekt eines einfachen Satzes wird nur dann durch Komma vom Prädikat 47
getrennt, wenn ein Pronomen ein Subjekt oder mehrere vorausgehende Subjekte
wieder aufnimmt bzw. zusammenfaßt:

> *Die lang ersehnte Nachricht, sie* war endlich da!
> *Du und ich, wir* werden ihm helfen (↑ Z 38).
> *Anderen zu helfen, das* machte ihm Freude.

Das Subjekt tritt auch in Form des Nebensatzes auf. Es bildet dann zusammen mit 48
dem Prädikat einen zusammengesetzten Satz:

> *Daß du gekommen bist,* freut mich.
> *Wer anderen eine Grube gräbt,* fällt selbst hinein.

Bei einigen Verben wird das Subjekt durch das unpersönliche Pronomen *es* aus- 49
gedrückt:

> *Es* regnet (schneit, blitzt, donnert, hagelt, graupelt, nieselt u. ä.).
> *Es* dämmert schon.
> *Es* gibt ein Unwetter.
> Worum handelt *es* sich?

In manchen Sätzen ist das unpersönliche Pronomen *es* nur scheinbar Subjekt; in 50
Wirklichkeit füllt dieses Pronomen nur die erste Stelle im Satz aus, damit die finite
Verbform die zweite Stelle einnehmen kann. Man sagt deshalb, das unpersönliche
Pronomen *es* hat in solchen Sätzen Platzhalterfunktion (↑ Z 157):

> *Es* rollen die Räder Tag und Nacht.
> *Es* blies ein Jäger wohl in sein Horn.

---

[1] Sätze mit einfachem oder erweitertem Infinitiv mit *zu* werden auch als Infinitivkonstruktionen oder
Infinitivsätze bezeichnet. Sie vertreten ebenso wie ein Gliedsatz ein Satzglied.

51 Unpersönliche Sätze im Passiv haben kein Subjekt:

Im Walde darf nicht geraucht werden.
Jetzt wird gearbeitet.

Übersicht über die Formen des Subjekts

Wir unterscheiden

- das Subjekt in Form des Einzelwortes – des Substantivs/Nomens, des Pronomens und des Numerales:

  Sonnenschein lag über der Stadt.
  Seit Tagen hatte *es* nicht geregnet.
  Tausende stöhnten unter der Hitze.

- das Subjekt in Form einer substantivischen/nominalen Wortgruppe:

  Am vergangenen Sonntag waren *die Straßen* fast menschenleer.
  Dafür drängten sich am nahen Waldsee *die erholungssuchenden Menschen.*
  Ein Bad im See war an diesem Tag die beste Erfrischung.

- das Subjekt in Form einer Reihung von Wörtern und Wortgruppen im Sinne einer Aufzählung:

  Frauen, Männer und *Kinder* planschten im Wasser oder schwammen hinaus zu den tieferen Stellen des Sees.
  Die verschiedenartigsten Gummitiere, bunte Luftmatratzen oder auch *Autoschläuche* dienten den Nichtschwimmern, sich über Wasser zu halten.

- das Subjekt in Form des einfachen und des erweiterten Infinitivs mit *zu* oder des Partizips:

  Zu baden macht Spaß.
  Wichtig ist, *schwimmen zu können.*
  Versprochen ist versprochen.

- das Subjekt in Form des Nebensatzes:

  Wer regelmäßig Sport treibt, bleibt gesund.
  Es ist gut, *daß du das weißt.*

2.3.2.2. Die Formen des Prädikats

52 Das Prädikat sagt etwas über das Verhalten oder den Zustand des Subjekts aus:

Wir		*verreisen.*
Wir		*werden verreisen.*
Wir		*wären* (gern) *verreist*	(, wenn ...).

53 Prädikat und Subjekt sind die beiden Hauptglieder des Satzes, die näheren Bestimmungen des Verbs sind seine Nebenglieder. Die näheren Bestimmungen des Substantivs/Nomens, die Attribute, bezeichnet man als Satzgliedteile (↑Z 33 u. 72).

Übersicht über die Formen des Prädikats

Das Prädikat ist die finite Verbform allein oder die finite Verbform zusammen mit einer oder mehreren infiniten Verbformen, die zu ihr gehören.

Als Prädikat eines Satzes betrachten wir

- die Konjugationsformen aller Verben, also die Tempusformen des Aktivs und Passivs im Indikativ, Konjunktiv und Imperativ:

  (Er) *ist/war/wurde/bleibt* (mein Freund).[1]
  (Ich) *habe* (ihn) *gesehen.* (Er) *wurde/würde gesehen. Komm* bald!

- die Verbindung der Konjugationsform eines Verbs mit dem Infinitiv eines anderen Verbs:

  (Wir) *sahen* (ihn) *weggehen.* (Wir) *hörten* (sie) *sprechen.*
  (Er) *ließ* (ihn) *laufen.* (Ich) *will kommen.*
  (Wir) *durften gehen.* (Ihr) *mußtet aufräumen.*
  (Sie) *mochten* (keinen Alkohol) *trinken.*
  (Die Kinder) *möchten mitfahren.*

- die Verbindung einer Konjugationsform der Verben *scheinen, pflegen, brauchen, sein, haben, geben* (u. a.) mit dem Infinitiv mit *zu* eines anderen Verbs (↑ Z 88):

  (Der Regen) *scheint aufzuhören.* – (Monika) *pflegt* (pünktlich) *zu sein.* – (Ich) *brauchte* (nicht lange) *zu warten.*

  B e a c h t e : Bei diesen Verben wird der erweiterte Infinitiv mit *zu* nicht durch Komma vom übrigen Satz abgegrenzt.

Zum Prädikat rechnen wir auch die Verneinung *nicht,* wenn sie unmittelbar zum **54** Verb gehört:

(Er) *hat nicht gewartet.*

Prädikate, die nur aus einer finiten Verbform bestehen, nennen wir einteilige **55** Prädikate:

(Steffi) *schreibt* (einen Brief).
(Dabei) *hört* (sie) (Radio).

Besteht das Prädikat aber aus mehreren Wörtern, so sprechen wir von einem **56** mehrteiligen Prädikat:

(Wir) *holen* (sie) *ab.* (Sie) *ist* (zu Hause) *gewesen/geblieben.*
(Die Tasche) *war vergessen worden.*

---

[1] Im Gegensatz zu manchen anderen Grammatiken wird hier nicht zwischen nominalen und verbalen Prädikaten unterschieden; die Konjugationsformen von *sein, werden, bleiben, heißen* gelten also allein als Prädikate (nicht zusammen mit einem Substantiv oder Adjektiv).

57 Mehrteilige Prädikate können einen sogenannten prädikativen Rahmen bilden. Er wird durch die finite Verbform eröffnet und durch den zweiten Prädikatsteil (bzw. durch die übrigen Prädikatsteile) geschlossen (↗ Z 385):

> Detlev *holt* Ilona zu Hause *ab*.
> Heute *mußte* sie wegen einer Erkältung zu Hause *bleiben*.
> *Rufe* mich bitte das nächste Mal rechtzeitig *an*!
> *Bist* du heute pünktlich in der Schule *gewesen*?

58 Zuweilen treten Abweichungen vom Rahmen (Ausrahmungen) auf:

> Klaus hatte intensiver trainiert *als Michael*.
> Der Gemeinderat hat heute eine Entscheidung gefällt *über den Bau einer neuen Kindertagesstätte*.

2.3.2.3. Vorfeld und Nachfeld des Satzes

59 Der Aussagesatz gliedert sich in Vorfeld und Nachfeld. Diese Gliederung ergibt sich aus der Zweitstellung der finiten Verbform.
Die finite Verbform bildet die Grenze zwischen Vorfeld und Nachfeld:

> *Der Roman „Das siebte Kreuz"* ist *in viele Sprachen übersetzt worden.*
> (Vorfeld)   (Nachfeld)

60 Was im Vorfeld stehen kann und umstellbar ist, bildet in der Regel eine Einheit, die man als Satzglied bezeichnet (↗ Z 12 u. 70):

> *Zur Zeit der Segelschiffe* war eine Seereise ein Wagnis.
> *Damals* kam mancher Seemann von der Fahrt nicht zurück.

61 Im Aussagesatz haben nur die finite Verbform und der rahmenschließende Teil eines mehrteiligen Prädikats einen festen Platz. Die anderen Wörter und Wortgruppen können unterschiedlich angeordnet werden.

- Die Anordnung der Wörter und Wortgruppen richtet sich danach, welche Rolle sie in der Mitteilung spielen:

> (Ute wollte eigentlich schon um 14 Uhr bei mir sein.)
> *Sie/ist/aber erst/nach 16 Uhr/gekommen.*

> (Ute wollte spätestens um 14 Uhr bei mir sein.)
> *Gekommen/ist/sie/aber erst/nach 16 Uhr.*

- Zur besseren Verdeutlichung der Gedankenfolge stellt man in das Vorfeld oft Wörter und Wortgruppen, die sich auf ein Wort oder auf eine Wortgruppe im vorausgehenden Satz beziehen:

> Unser Weg führt uns heute nach *Karwe. Es* liegt am Ostufer des Ruppiner *Sees* ... Ein besonderer Schmuck *des Sees* an dieser Stelle ist sein dichter *Schilfgürtel* ... *An diesen Schilfgürtel* knüpft sich eine Geschichte ... (Th. Fontane)

> Wir erstiegen eine *Anhöhe. Von dort* konnten wir das Gelände gut übersehen. (L. Renn)

> Wir überschritten mehrere Höhenzüge und tauchten *in ein tiefes Tal. Jenseits* ging es in einem Birkengrund steil aufwärts. (L. Renn)

Auch ein einfacher oder ein erweiterter Infinitiv mit *zu,* ein erweitertes Partizip   62
oder eine freie Fügung können im Vorfeld stehen:

Zu diskutieren	sah	ich keinen Anlaß.
Mit X darüber zu diskutieren,	sah	ich keinen Anlaß.
Ins Rollen gebracht,	kann	ein Stein eine Lawine auslösen.
Die Melodie noch deutlich im Ohr,	begann	er sie leise nachzupfeifen.

2.4. Der Bau zusammengesetzter Sätze

Wir haben die Möglichkeit, Sachverhalte sowohl in einfachen als auch in zusam-   63
mengesetzten Sätzen (Satzverbindungen/Satzreihen oder Satzgefügen) zum Ausdruck zu bringen. Dadurch können wir unseren Aussagen eine (mehr oder weniger) aufgelockerte oder eine (mehr oder weniger) verdichtete Form geben. Die
folgenden Beispiele zeigen zunehmende Verdichtung:

Einfache Sätze einer Satzfolge

Unsere Mannschaft hatte fleißig trainiert. Sie gewann den Wettkampf.

Herstellung einer Satzverbindung/Satzreihe durch Verwendung des Semikolons (↑ Z 66)

Unsere Mannschaft hatte fleißig trainiert; sie gewann den Wettkampf.

Herstellung einer Satzverbindung durch Verwendung des Kommas

Unsere Mannschaft hatte fleißig trainiert, sie gewann den Wettkampf.

Herstellung einer Satzverbindung durch Einleitung des zweiten Teilsatzes mit einem Pronominaladverb

Unsere Mannschaft hatte fleißig trainiert, deshalb gewann sie den Wettkampf.

Herstellung eines Satzgefüges durch Umwandlung des ersten Teilsatzes in einen Nebensatz/Glied-
satz

Da unsere Mannschaft fleißig trainiert hatte, gewann sie den Wettkampf.

Umwandlung des zusammengesetzten Satzes in einen einfachen Satz

Infolge fleißigen Trainings gewann unsere Mannschaft den Wettkampf.

2.4.1. Das Satzgefüge

Das Satzgefüge besteht aus einem Hauptsatz und mindestens einem Nebensatz/   64
Gliedsatz.
Der Hauptsatz hat die gleichen grammatischen Merkmale wie der einfache Satz;
der (eingeleitete) Nebensatz hat ein Einleitewort, und seine finite Verbform steht
am Ende:

Ich rufe dich an, *wenn* ich in Berlin *bin.*

Nebensätze lassen sich nach mehreren Gesichtspunkten unterscheiden: 65
– nach der Art ihrer Einleitung,
– nach ihrer Stellung im Satzgefüge,
– nach ihrem Abhängigkeitsgrad.

- Nach der Art ihrer Einleitung unterscheidet man

  - Konjunktionalsätze
  Das sind Nebensätze, die durch eine Konjunktion eingeleitet werden.
  Zur Einleitung eines Nebensatzes werden vor allem die folgenden Konjunktionen verwendet:

  daß, wenn, als, nachdem, bevor, sobald, obgleich, obwohl, weil, da (im Sinne von *weil*), *indem, so daß, damit.*

  Ich hoffe, *daß dich mein Brief noch rechtzeitig erreicht.*
  Wenn man einen Fehler gemacht hat, dann sollte man es zugeben.

  - Relativsätze
  Das sind Nebensätze, die durch ein Relativpronomen eingeleitet werden.[1]
  Relativpronomen sind *der, die, das* (im Sinne von *welcher, welche, welches*), *wer, was*:

  Menschen, *die immer recht haben wollen,* haben selten Freunde.
  Nur der verdient sich Freiheit wie das Leben, *der täglich sie erobern muß.* (J. W. v. Goethe)

  - Fragewortsätze
  Das sind Nebensätze, die mit einem Fragewort eingeleitet werden:

  Doris überlegte, *wem sie das Buch geliehen hatte.*
  Sie wußte nicht, *wann sie das Buch das letztemal in der Hand gehabt hatte.*

  - uneingeleitete Nebensätze
  Uneingeleitete Nebensätze haben die Form eines Hauptsatzes. Sie bestimmen ein Verb näher, und man kann sie in einen eingeleiteten Nebensatz umwandeln:

  Ich hoffe, *ich bestehe die Prüfung.*
  Ich hoffe, *daß ich die Prüfung bestehe.*

  Regnet es so weiter, bekommen wir Hochwasser.
  Wenn es so weiterregnet, bekommen wir Hochwasser.

- Nach ihrer Stellung im Satzgefüge unterscheidet man die Nebensätze nach Vorder-, Zwischen- und Nachsätzen.

  - Geht ein Nebensatz als Vordersatz dem Hauptsatz voraus, so beginnt der Hauptsatz mit der finiten Verbform:

  Daß du kommst, *habe* ich erwartet.

  Manchmal wird der Inhalt eines Vordersatzes durch ein Pronomen oder Adverb zusammengefaßt. Diese Wörter bilden dann die erste Stelle des Hauptsatzes:

  Wer mitkommen will, *der* soll sich melden.
  Wie man sich bettet, *so* liegt man.

  - Der Zwischensatz kann – ähnlich wie der Schaltsatz – den Satzverlauf unterbrechen. Er wird dann vom übergeordneten Satz durch Komma abgegrenzt:

  Ich hoffe, *daß wir uns bald wiedersehen,* und sende Dir bis dahin herzliche Grüße.

---

[1] Dem Relativpronomen kann auch eine Präposition vorangestellt sein:
In der Nähe befand sich eine Quelle, *aus der* wir uns frisches Wasser holten.

- Der Nachsatz tritt auch als sogenannter „weiterführender Nebensatz" auf. Wie sein Name sagt, führt er den Inhalt des Hauptsatzes weiter, während die anderen Nebensätze meist nur bestimmte Angaben im Hauptsatz näher bestimmen:

Trotz des kalten Wetters ging Sonja jeden Tag baden, *worüber sich alle sehr wunderten.*

- Nach ihrem A b h ä n g i g k e i t s g r a d unterscheidet man

  - Nebensätze, die sich auf den Hauptsatz beziehen (Nebensätze 1. Grades):

  Wir wohnen in einem Haus, *das 10 Stockwerke hat.*
  Als wir in Berlin ankamen, war es schon dunkel.

  - Nebensätze, die sich auf einen Nebensatz 1. Grades beziehen (Nebensätze 2. Grades):

  Alle noch vorhandenen Nachrichten stimmen darin überein,
  daß das Oderbruch vor seiner Urbarmachung eine wüste Fläche war,
  (Nebensatz 1. Grades)
  die von einer . . . Menge größerer und kleinerer Oderarme durchschnitten wurde. (Th. Fontane)
  (Nebensatz 2. Grades)

  - Nebensätze 3. und höheren Grades:

  Wir fürchteten,
  Sabine wäre enttäuscht,
  (Nebensatz 1. Grades)
  wenn sie erfahren würde,
  (Nebensatz 2. Grades)
  daß wir den Ausflug nicht bis zu ihrer Rückkehr verschoben haben,
  (Nebensatz 3. Grades)
  wie wir es ihr eigentlich versprochen hatten.
  (Nebensatz 4. Grades)

  Einander folgende Nebensätze gleichen Grades haben den Charakter von Aufzählungen:

  Laura fragte die Klassenlehrerin,
  wann der nächste Elternabend stattfindet,
  wer die Einladungen schreibt und
  welche Schüler an dem Elternabend teilnehmen sollen (↑ Z 84).

2.4.2. Die Satzverbindung/Satzreihe

Eine Satzverbindung entsteht, wenn man nebengeordnete einfache Sätze (Haupt- **66** sätze), einfache Sätze und Satzgefüge oder mehrere Satzgefüge miteinander verbindet. Die Folge mehrerer gleichwertiger Teilsätze – sowohl unabhängiger wie auch abhängiger – wird auch Satzreihe genannt.

Verbindung von einfachen Sätzen (Hauptsätzen)
Abends traf der Speisewagen in Paris ein, / und morgens fuhr er weiter.

Verbindung von einfachem Satz und Satzgefüge
Der Junge verliert den Faden, / und als alle lachen, wird er puterrot (↑ Z 83).

Verbindung von Satzgefügen
Ein Schriftsteller muß erkennen, was die Menschen fühlen, / sonst weiß er nicht, was sie brauchen.

67 Sätze oder Satzgefüge werden vor allem mit Hilfe der folgenden Konjunktionen zu einer Satzverbindung verknüpft: *und, oder, entweder – oder, weder – noch, doch, aber, denn.*

68 Eine ähnliche Aufgabe wie die Konjunktionen erfüllen auch Adverbien wie *deshalb, daher, deswegen, dennoch, trotzdem, dagegen, folglich.*

69 Keine Satzverbindung/Satzreihe (und damit auch kein zusammengesetzter Satz) liegt vor, wenn

- zwei Subjekte auf ein Prädikat bezogen werden:

  Klaus <u>lernt</u> Feinmechaniker und *seine Schwester* Bürokauffrau.

- zwei Prädikate ein gemeinsames Subjekt haben:

  <u>Judith</u> *räumt auf* und *gießt* die Blumen.

- zwei Prädikatsverben eine nähere Bestimmung gemeinsam haben:

  Ute *spülte* und Marion *polierte* <u>die Gläser.</u>

Man nennt solche Sätze zusammengezogene Sätze (↑ Z 83).

2.5. Überblick über die Satzglieder

2.5.1. Satzglied – Satzgliedteil

70 Nach der Satzgliedlehre werden umstellbare Einheiten des Satzes als Satzglieder bezeichnet. Das Subjekt und die näheren Bestimmungen des Verbs sind umstellbar und gelten folglich als Satzglieder (↑ Z 60):

Die Mädchen / besuchten / *am Nachmittag* / *eine Freundin.*
Satzglied   Satzglied   Satzglied

Umstellprobe:
Am Nachmittag / besuchten / *die Mädchen* / *eine Freundin.*
Eine Freundin / besuchten / *die Mädchen* / *am Nachmittag.*

71 Als Satzglied gilt aber auch das Prädikat, obwohl es entweder gar nicht oder nicht in gleicher Weise umstellbar ist.
Wenn das Prädikat nur aus der finiten Verbform besteht, ist es nicht umstellbar. Wenn es mehrteilig ist, kann der Prädikatsteil umgestellt werden, der nicht die finite Verbform ist:

Sie wollten eine kranke Freundin *besuchen.*
Besuchen wollten sie eine kranke Freundin.

72 Nähere Bestimmungen des Substantivs/Nomens sind nur zusammen mit der Wortgruppe umstellbar, zu der sie gehören. Deshalb gelten sie als Satzgliedteile:

Die Mädchen *unserer Klasse* / wollten / eine *kranke* Freundin / besuchen.

Umstellung:
Eine *kranke* Freundin / wollten / die Mädchen *unserer Klasse* / besuchen.

2.5.2. Zu den Arten und Formen der Satzglieder

Die Satzgliedlehre unterscheidet folgende Arten von Satzgliedern: 73
- Subjekt
- Prädikat
- Prädikativ
- Objekt
  - Genitivobjekt
  - Dativobjekt
  - Akkusativobjekt
  - Präpositionalobjekt
- Adverbialbestimmungen/Adverbiale[1]
  - Lokalbestimmung / lokal (des Ortes)
  - Temporalbestimmung / temporal (der Zeit)
  - Modalbestimmung / modal (der Art und Weise, des Grades und des Vergleichs)
  - Kausalbestimmungen
    Kausalbestimmung im engeren Sinne / kausal (des Grundes)
    Finalbestimmung / final (des Zwecks, der Absicht)
    Konsekutivbestimmung / konsekutiv (der Folge)
    Konditionalbestimmung / konditional (der Bedingung)
    Konzessivbestimmung / konzessiv (der Einräumung)
- Satzgliedteil Attribut

Satzglieder können in verschiedenartigen Formen auftreten. Die häufigsten sind: 74 Wortgruppe und Einzelwort, einfacher und erweiterter Infinitiv mit *zu*, Nebensatz/Gliedsatz.

Das Prädikativ, die Objekte und die Adverbialbestimmungen/Adverbiale sind 75 nähere Bestimmungen des Verbs. Attribute sind nähere Bestimmungen des Substantivs.

Als Prädikativ bezeichnet man die nähere Bestimmung eines Verbs in Form 76 eines Substantivs (bzw. seines Stellvertreters) oder einer substantivischen Wortgruppe im Nominativ. Es hat mit dem Objekt gemeinsam, daß sein Fall vom Verb abhängt.
In der Hauptsache handelt es sich um nähere Bestimmungen der Verben *sein, werden, bleiben, scheinen* und *heißen*:

> Mein Freund *ist Koch.*   Das *bleibt* zunächst *ein Problem.*
> Sebastian *wird* einmal *ein guter Lehrer werden.*   Unser Meister *hieß Müller.*

Als Objekt bezeichnet man die nähere Bestimmung eines Verbs in Form eines 77 Substantivs/Nomens (bzw. seines Stellvertreters) oder einer substantivischen Wortgruppe im Genitiv, Dativ oder Akkusativ sowie in Verbindung mit einer Präposition. Dabei ist sowohl der Fall als auch die Präposition vom Verb abhängig.

---

[1] Bei der Unterscheidung der Adverbialbestimmungen nach semantischen Gesichtspunkten wird oft zusätzlich die direktionale Adverbialbestimmung aufgeführt (direktional = der Richtung).

- Genitivobjekt:

  der Opfer gedenken (Wessen gedenken?)
  In einer Feierstunde gedachten wir *der Opfer des Nationalsozialismus.*

- Dativobjekt:

  einem Forstarbeiter begegnen (Wem begegnen?)
  Auf dem Heimweg begegnete ich *einem Forstarbeiter.*

- Akkusativobjekt:

  einen Freund besuchen; *ihn* nicht antreffen (Wen besuchen bzw. nicht antreffen?)
  B. wollte *einen Freund* besuchen, aber er traf *ihn* nicht an.

- Präpositionalobjekt:

  gegen den Sturm ankämpfen (ankämpfen *gegen* . . . ; ebenso: ringen *um* . . .,
  eintreten *für* . . . u. a.)

  Das Boot mußte *gegen den Sturm* ankämpfen.
  Unsere Mannschaft rang *um den Sieg.*
  Einer trat *für den anderen* ein.

- Mehrere Objekte bei einem Verb:

  den fremden Spaziergänger eines Vergehens beschuldigen
  (Akkusativobjekt)   (Genitivobjekt)

  Der Förster beschuldigte *den fremden Spaziergänger eines Vergehens.*

  einem Glasbläser bei der Arbeit   zusehen
  (Dativobjekt)   (Präpositionalobjekt)

  Wir sahen *einem Glasbläser bei der Arbeit* zu.

- Auch verbale Wortgruppen können ein Objekt fordern:

  stolz sein   *auf einen Erfolg*
  (verbale Wortgruppe)   (Präpositionalobjekt)
  eingedenk sein   *der schönen Stunden*
  (verbale Wortgruppe)   (Genitivobjekt)

- Das Objekt gibt es auch in Form des einfachen und des erweiterten Infinitivs
  mit *zu* und in Form des Nebensatzes (Objektsatzes):

  Michael versprach *zu kommen.*
  Michael versprach, *rechtzeitig zu kommen.*
  Monika begriff, *daß sie einen Fehler begangen hatte.*
  Welches Ausmaß die Katastrophe hatte, konnte man noch nicht übersehen.

78 Als Adverbialbestimmung/Adverbial bezeichnet man die nähere Bestimmung eines Verbs, wenn sie folgende Angabe enthält:

Ort oder Richtung (Lokalbestimmung),
Zeitpunkt oder Zeitdauer (Temporalbestimmung),
Art und Weise oder Grad (Modalbestimmung),
Vergleich (Komparativbestimmung),
Grund (Kausalbestimmung),
Folge (Konsekutivbestimmung),
Zweck oder Absicht (Finalbestimmung),
Bedingung (Konditionalbestimmung) oder
Einräumung (Konzessivbestimmung).

- Adverbialbestimmung des Ortes oder der Richtung / Lokalbestimmung

  Ute wohnt *in einer Kleinstadt.* (Wo?)
  Ihre Eltern sind erst vor kurzem *dorthin* gezogen. (Wohin?)
  Sie stammen *aus einem kleinen Gebirgsort.* (Woher?)

  Die Lokalbestimmung gibt es auch in Form eines Nebensatzes (Lokalsatzes):

  Wir treffen uns, *wo der Feldweg die Landstraße kreuzt.*

- Adverbialbestimmung der Zeit (des Zeitpunktes oder der Zeitdauer) / Temporalbestimmung

  Steffen steht *um 6 Uhr* auf. (Wann?)
  Zum Waschen, Anziehen und Frühstücken braucht er *eine halbe Stunde.* (Wie lange?)
  Von 7 bis 13 Uhr hat Steffen Unterricht. (Von wann bis wann?)

  Temporalbestimmungen können auch die Form eines Nebensatzes (Temporalsatzes) haben:

  Nachdem alle Platz genommen hatten, trat eine erwartungsvolle Stille ein.

- Adverbialbestimmung der Art und Weise oder des Grades / Modalbestimmung

  Gudrun hat *richtig* gerechnet. (Wie?)
  Sie hat sich *sehr* angestrengt. (Wie? In welchem Grade?)

  – Modalbestimmungen können auch die Form eines Nebensatzes (Modalsatzes) haben:

    Jürgen hilft einer Rentnerin, *indem er für sie einkaufen geht.*

  – Auch die Adverbialbestimmung des Vergleichs / Komparativbestimmung ist eine Form der Modalbestimmung:

    Petra ist gewandt *wie eine Katze.* (Wie gewandt?)
    Sie turnt *am besten*; sie läuft *am schnellsten.* (Wie turnt, wie läuft sie?)

  – Komparativbestimmungen können auch die Form eines Nebensatzes (Komparativsatzes) haben:

    Elke rannte die Dorfstraße hinunter, *als würde sie von jemandem verfolgt.*

- Adverbialbestimmung des Grundes / Kausalbestimmung[1]

  – Adverbialbestimmung des Grundes / Kausalbestimmung im engeren Sinn:

    Passanten hatten den Verletzten *vorsichtshalber* in die stabile Seitenlage gebracht. (Warum? Aus welchem Grund?)
    Der Verkehr mußte *wegen des Unfalls* umgeleitet werden.

    Adverbialbestimmungen des Grundes können auch die Form eines Nebensatzes (Kausalsatzes) haben:

    Da der Wetterbericht Nachtfrost gemeldet hatte, nahmen wir noch schnell die letzten Tomaten ab.

  – Adverbialbestimmung der Folge / Konsekutivbestimmung:
    Diese Adverbialbestimmung gibt es nur in Form des Nebensatzes (Konsekutivsatzes):

    Nach der ungewohnten Feldarbeit war Doris sehr müde, *so daß sie zeitig schlafen ging.*
    (Mit welcher Folge?)

---

[1] Der Begriff „Adverbialbestimmung des Grundes / Kausalbestimmung" ist hier als Oberbegriff für die nachstehenden Unterarten gebraucht.

– Adverbialbestimmung des Zweckes oder der Absicht / Finalbestimmung:

(Schon über zwei Stunden stand ich auf Brandwache.) Wollte sich niemand *zu meiner Ablösung* einfinden? (Zu welchem Zweck?)

Finalbestimmung in Form des erweiterten Infinitivs mit *zu*:

Peters Vater wurde nach D. versetzt, *um dort eine neue Aufgabe zu übernehmen.*

Finalbestimmungen können auch die Form eines Nebensatzes (Finalsatzes) haben:

Wir mußten uns beeilen, *damit wir den Zug nicht verpaßten.*

– Adverbialbestimmung der Bedingung / Konditionalbestimmung:

Kleinere Segelboote müssen *bei Sturmwarnung* sofort den nächsten Hafen anlaufen. (Unter welcher Bedingung?)

Konditionalbestimmungen können auch die Form eines Nebensatzes (Konditionalsatzes) haben:

Wenn der Sommer warm und feucht ist, gibt es gewöhnlich viele Pilze.
Wenn du ein paar Minuten früher gekommen wärest, hättest du mich noch angetroffen.

– Adverbialbestimmung der Einräumung / Konzessivbestimmung:

Trotz grimmiger Kälte und anhaltenden Schneefalls funktionierte der Zugverkehr reibungslos. (Trotz welchen Umstandes?)

Konzessivbestimmungen können auch die Form eines Nebensatzes (Konzessivsatzes) haben:

Obwohl wir unterwegs aufgehalten wurden, kamen wir noch rechtzeitig ins Theater.

79 Das Attribut als Satzgliedteil tritt in Form eines Wortes, einer Wortgruppe, eines einfachen oder erweiterten Infinitivs mit *zu*, einer Apposition und eines Nebensatzes / Gliedteilsatzes (Attributsatzes) auf (↗ Z 33):

Das *schöne* Wetter hielt sich während *unseres ganzen* Urlaubs.
Die Zelte *auf unserem Campingplatz* waren immer belegt.
Seine Absicht *zu kommen* konnte er nicht verwirklichen.
Das Gefühl, *die Schwimmprüfung bestanden zu haben,* war unbeschreiblich.
Frau Müller, *unsere Sportlehrerin,* hat mir gratuliert.
In der ersten Woche, *die wir an der See verbracht haben,* war das Wetter kühl und regnerisch.

● Eine Besonderheit stellt das sogenannte prädikative Attribut dar:

Ingo ißt die Mohrrüben am liebsten *roh.*

Das Wort *roh* bezieht sich auf *Mohrrüben,* ist aber zugleich eine nähere Bestimmung des Prädikats.

2.6. Wichtige Fälle der Zeichensetzung im einfachen und im zusammengesetzten Satz

2.6.1. Fälle und Besonderheiten der Kommasetzung

2.6.1.1. Die Aufzählung oder Reihung

Die Aufzählung tritt in den unterschiedlichsten Formen auf; sie besteht mindestens aus zwei Gliedern. 80

- Besteht eine Aufzählung nur aus zwei Gliedern, dann verbindet man diese gewöhnlich durch eine Konjunktion, z. B. durch *und, oder, sowie; sowohl – als auch; entweder – oder; weder – noch* u. a.
Sind zwei Glieder einer Aufzählung durch eine solche Konjunktion miteinander verbunden, dann darf zwischen sie kein Komma gesetzt werden:

  Birgit ist offen *und* ehrlich.
  Der Ausflug findet *sowohl* bei gutem *als auch* bei schlechtem Wetter statt.

- Besteht eine Aufzählung aus drei und mehr Gliedern, dann verbindet man in der Regel nur die beiden letzten durch eine Konjunktion; die übrigen werden durch Komma voneinander abgegrenzt:

  Roggen, Weizen, Gerste *und* Hafer sind unsere wichtigsten Getreidearten.

- Wird innerhalb einer Aufzählung mit Hilfe einer Konjunktion (z. B. *aber, sondern, doch, jedoch*) eine Entgegenstellung zum Ausdruck gebracht, so steht vor dieser Konjunktion ein Komma:

  Peter ist ein kluger, *aber* kein ehrgeiziger Schüler.
  Er ist nicht nur ein guter Schüler, *sondern* auch ein guter Sportler.

Bei aufeinanderfolgenden Adjektiven handelt es sich nur dann um eine Aufzählung, wenn sich die Adjektive durch *und* verbinden lassen und gegeneinander austauschbar sind: 81

  Yvonne ist eine *freundliche, hilfsbereite* Schülerin.
  Yvonne ist eine *freundliche und hilfsbereite* Schülerin.
  Yvonne ist eine *hilfsbereite und freundliche* Schülerin.
  Aber:
  Der Lehrer führte uns ein *interessantes chemisches Experiment* vor. (Das Attribut *chemisches* gehört sehr eng zu dem Wort *Experiment*. Es wird deshalb mit diesem als Einheit betrachtet; zwischen *interessantes* und *chemisches* können wir nicht *und* einfügen, und die beiden Adjektive sind nicht gegeneinander austauschbar. Wir setzen daher in diesem Fall kein Komma.)

Die Glieder einer Aufzählung bestehen nicht immer nur aus Wörtern oder Wortgruppen, sondern oft auch aus (einfachen oder erweiterten) Infinitiven mit *zu*, aus Prädikaten und ihren näheren Bestimmungen oder sogar aus Teilsätzen: 82

  Zur Verhütung von Verkehrsunfällen ergeht an alle Kraftfahrer die Forderung, *ihr Fahrzeug vor Antritt der Fahrt zu überprüfen, die Verkehrsbestimmungen korrekt einzuhalten und sich im Straßenverkehr rücksichtsvoll zu verhalten.*

  „Ich *steckte den Zettel in den Umschlag, schob die Geldscheine nach, leckte den Klebstoff am Deckel des Umschlages an, zögerte, nahm das Geld wieder heraus und suchte aus dem Packen einen Zehnmarkschein,* den ich in meine Manteltasche steckte." (H. Böll)

„In den Stunden des Ekels und der Hoffnungslosigkeit, in der endlosen Öde mechanischster Fabrik-arbeit, an Kranken- und Sterbebetten, an Gräbern, in eigener Bedrängnis, in Momenten äußerster Schmach, bei physisch versagendem Herzen – immer half mir diese Forderung an mich selber: *beob-achte, studiere, präge dir ein,* was geschieht – *morgen sieht es schon anders aus, morgen fühlst du es schon anders;* halte fest, wie es eben jetzt sich kundgibt und wirkt.“ (V. Klemperer)

83 Die Verwendung der Aufzählung oder Reihung führt oft zu sogenannten zusam-mengezogenen Sätzen (↑ Z 69), die man nicht mit Satzverbindungen / Satzreihen verwechseln darf:
Die Teilsätze (Hauptsätze) einer Satzverbindung müssen auch dann durch Komma voneinander abgegrenzt werden, wenn sie durch die Konjunktion *und* oder *oder* miteinander verbunden sind. In zusammengezogenen Sätzen gilt da-gegen die Kommaregelung der Aufzählung – das heißt, vor der verbindenden Konjunktion darf in diesen Sätzen k e i n Komma stehen:

Satzverbindung / Satzreihe
Detlef geht in die Schule, und seine kleine Schwester geht in den Kindergarten.

Zusammengezogener Satz
Detlef geht in die Schule und seine kleine Schwester in den Kindergarten.

84 Auch Nebensätze, die Glieder einer Aufzählung sind, werden nicht durch Komma voneinander abgegrenzt, wenn sie durch *und* oder *oder* miteinander verbunden sind:

Gegen Ende dieses Aufzuges geschah es, *daß Frau von Rinnlingen sich ihren Fächer entgleiten ließ und daß derselbe neben Herrn Friedemann zu Boden fiel.* (Th. Mann)

2.6.1.2. Der erweiterte Infinitiv mit „zu“ [1]

85 Der Infinitiv mit *zu* ist eine besondere Konstruktion des deutschen Satzes. Seine wichtigsten Merkmale sind das Signalwort *zu* und die Infinitivform eines Verbs:

Die Kunst *zu reden* will erlernt sein.
Wir hatten vor *zu verreisen.*

86 Tritt der Infinitiv mit *zu* in einfacher Form auf, wird er in der Regel vom übrigen Satz nicht durch Komma abgegrenzt:

Klaus hat mich gebeten *anzurufen.*

Tritt der Infinitiv mit *zu* in erweiterter Form auf, wird er vom übrigen Satz durch Komma abgegrenzt:

Frank hat mir fest versprochen, *am Wochenende zu uns zu kommen.*

87 Der Infinitiv mit *zu* kann am Ende, in der Mitte und am Anfang eines Satzes stehen.
Steht der erweiterte Infinitiv mit *zu* in der Satzmitte, dann wird er durch zwei Kommas vom übrigen Satz abgegrenzt:

Unser Entschluß, *mit dem Rad nach B. zu fahren,* stand fest.

---

[1] Der *erweiterte Infinitiv mit „zu“* wird auch als *Infinitivgruppe, Infinitivkonstruktion* oder *Infinitivsatz* bezeichnet.

Von den allgemeinen Regelungen zur Zeichensetzung beim Infinitiv mit *zu* gibt es 88 einige Ausnahmen.

- Der erweiterte Infinitiv mit *zu* wird nicht durch Komma vom übrigen Satz abgegrenzt, wenn er als Subjekt am Satzanfang steht:

  Sich selbst zu besiegen ist der schönste Sieg.
  Im Grase zu liegen und zu lesen bereitete ihm Vergnügen.

- Kein Komma steht vor dem erweiterten Infinitiv mit *zu*, wenn er sich auf Verben wie *sein, haben, glauben, suchen, pflegen, scheinen, brauchen, vermögen* bezieht und mit diesen Verben zusammen das Prädikat bildet:

  Vielleicht *war* der Verunglückte noch *zu retten*.
  Die Helfer *hatten* alle Hände voll *zu tun*.
  Du *brauchst* mir *nicht zu helfen*.

- In einigen Fällen wird auch der einfache Infinitiv mit *zu* durch Komma vom übrigen Satz abgegrenzt, und zwar

  – wenn ein Demonstrativpronomen oder ein Adverb auf ihn hinweist:

    Aufzuhören, das fällt mir schwer.
    Monika dachte nicht *daran, nachzugeben*.

  – wenn ein Mißverständnis vermieden werden soll:

    Klaus versprach der Mutter, *zu schreiben*. – Klaus versprach, *der Mutter zu schreiben*.

  – wenn *zu* vor dem Infinitiv anstelle von *um zu* steht:

    Eine Hausbewohnerin kam, *zu helfen*.

  – wenn er als Subjekt dem Prädikat folgt:

    Sein Wunsch war, *zu studieren*.

2.6.1.3. Das erweiterte Partizip [1]

Das erweiterte Partizip ist eine ähnliche Konstruktion wie der erweiterte Infinitiv 89 mit *zu*.

Das erweiterte Partizip entsteht, wenn das Partizip (I oder II) durch eine oder 90 mehrere Angaben näher bestimmt wird:

Sein Opfer belauernd, schlich sich der Panther langsam näher.
In Berlin angekommen, rief mich Peter sofort an.

Das erweiterte Partizip kann für einen Nebensatz eintreten: 91

Auf dem Gipfel des Berges angekommen, ließen wir uns erschöpft ins Gras fallen.
(*Als wir auf dem Gipfel des Berges angekommen waren*, ließen wir uns erschöpft ins Gras fallen.)

In der Regel wird das erweiterte Partizip vom übrigen Satz durch Komma ab- 92 gegrenzt. Deshalb ist es für die Zeichensetzung wichtig, das einfache und das erweiterte Partizip voneinander zu unterscheiden:

Einfaches Partizip I	Erweitertes Partizip I
Zitternd versuchte das verletzte Rehkitz auf die Beine zu kommen.	*Vor Angst zitternd*, versuchte das verletzte Rehkitz auf die Beine zu kommen.

---

[1] Das *erweiterte Partizip* wird auch als *Partizipgruppe, Partizipialkonstruktion* oder *Partizipsatz* bezeichnet.

Einfaches Partizip II	Erweitertes Partizip II
Konzentriert dachte er über die Lösung der Aufgabe nach.	*Ganz auf die Sache konzentriert,* dachte er über die Lösung der Aufgabe nach.

93 Zuweilen kommt das Partizip (bzw. das erweiterte Partizip) als Subjekt vor. Dann gelten für die Kommasetzung die gleichen Regeln wie für den Infinitiv mit *zu* (↑ Z 46).

94 Fügungen, in denen Partizipien ausgespart werden, bezeichnen wir als freie Fügungen. Für sie gelten die gleichen Regeln der Kommasetzung wie für die erweiterten Partizipien:

> Der Mann, *einen schweren Rucksack auf dem Rücken,* keuchte den steilen Berg hinauf.

2.6.1.4. Die Ellipse

95 Mitunter können in einem Satz Elemente weggelassen werden, so daß er „grammatisch unvollständig" ist. Solche „unvollständigen" Sätze nennt man Auslassungssätze oder Ellipsen. In Hinblick auf die Interpunktion werden sie ebenso behandelt wie grammatisch vollständig ausgeformte Sätze:

> *Ende gut, alles gut* (= Ist das Ende gut, dann ist alles gut).
> Er wußte nicht, *was anfangen* (= was er anfangen sollte).
> *Vielleicht,* daß er noch kommt (= Vielleicht geschieht es, ...).

2.6.1.5. Die Apposition

96 Unter einer Apposition verstehen wir eine nachgestellte nähere Bestimmung eines Substantivs/Nomens (oder eines Pronomens), die aus einem Substantiv oder aus einer Wortgruppe besteht. Das Substantiv der Apposition stimmt in der Regel im Kasus (Fall) mit dem Beziehungswort überein:

> Mein Bruder lebt zur Zeit in *Lübstorf, einem kleinen Ort in Mecklenburg.*

97 Die Apposition wird vom übrigen Satz durch Kommas abgegrenzt.

> Johann Gutenberg, *der Erfinder des Buchdrucks mit beweglichen Lettern,* wurde in Mainz geboren.
> Die Erstbesteigung des Mount Everest, *des höchsten Berges der Erde,* gelang im Jahre 1953.
> Mir, *deinem Bruder,* kannst du das Geheimnis anvertrauen.
> Gestern haben wir Herrn Müller, *unseren Klassenlehrer,* auf dem Bahnhof getroffen.

98 Auch Datumsangaben sind Appositionen und müssen vom übrigen Text durch Kommas abgegrenzt werden:

> Unsere nächste Versammlung findet am Mittwoch, *dem 3. November,* statt.
> Die Versammlung findet Mittwoch, *den 3. November,* statt.
> Die Ausstellung ist von Freitag, *dem 28. September,* bis Dienstag, *den 2. Oktober,* zu sehen.

2.6.1.6. Die nachträgliche Erläuterung

Manchmal fügt man einer Aussage nachträglich eine Erläuterung hinzu, die man 99
mit *und zwar, insbesondere, namentlich, besonders, wie, vor allem, zum Beispiel,
das heißt* o. ä. einleitet.
Eine solche nachträgliche Erläuterung wird vom übrigen Satz durch Komma(s)
abgegrenzt:

> Ich komme am Wochenende, *und zwar schon Freitag abend.*
> Im Herbst werden wir in unserem Garten Obstbäume, *vor allem Apfel- und Birnbäume,* pflanzen.

2.6.1.7. Die Anrede / Betonte Interjektion / Bejahung und Verneinung

In Briefen, aber auch in schriftlich fixierten Referaten, Ansprachen u. ä., sind in 100
der Regel Anreden enthalten, die man durch Komma(s) vom übrigen Satz ab-
grenzen muß:

> *Liebe Inge,* vergiß bitte nicht, mir das Backrezept zu schicken.
> Damit, *meine Hörerinnen und Hörer,* kommen wir zur letzten Zuschaueranfrage unserer heutigen
> Sendung.

Auch betonte Interjektionen werden durch Komma(s) vom übrigen Satz abge- 101
grenzt:

> *Oh,* wie ist es kalt geworden!
> *Ach,* wie ist's möglich dann ...

Das Komma steht auch hinter betontem *Ja* oder *Nein* am Anfang des Satzes: 102

> *Ja,* was machen wir denn jetzt?
> *Nein,* wer hätte das gedacht!

2.6.2. Komplizierte Fälle der Zeichensetzung im zusammengesetzten Satz

2.6.2.1. Die Zwischenschaltung von Sätzen und erweiterten Infinitiven mit „zu"

Ein Satz kann durch einen anderen Satz (Nebensatz) oder einen erweiterten 103
Infinitiv mit *zu* unterbrochen werden. Die Abgrenzung des Dazwischengeschalte-
ten erfolgt durch zwei Kommas:

> Die Verordnungen, *die für die Ausfuhr von Tieren bestehen,* sind genau einzuhalten.
> Die Absicht, *die Verordnungen zu umgehen,* hatte K. nicht.

Auch ein erweiterter Infinitiv mit *zu* kann unterbrochen werden und einen Satz 104
(Nebensatz) in sich aufnehmen:

> K. hatte nicht die Absicht, die Verordnungen, *die für die Ausfuhr von Tieren bestehen,* zu umgehen.

Eine besondere Art der Zwischenschaltung ist die Parenthese. Man versteht dar- 105
unter einen zwischengeschalteten Satz, dessen Inhalt nicht unmittelbar zu dem
unterbrochenen Satz gehört:

> Karin hat sich, *das muß man anerkennen,* in ihren Leistungen verbessert.

Statt der Kommas können hier auch Gedankenstriche oder Klammern stehen:

Karin hat sich – *das muß man anerkennen* – in ihren Leistungen verbessert.
Karin hat sich *(das muß man anerkennen)* in ihren Leistungen verbessert.

- Die Parenthese kann auch in einem Nebensatz auftreten:

Wenn sich aber, *wir wollen es nicht hoffen*, sein Zustand verschlimmern sollte, müssen wir ihn ins Krankenhaus bringen.

2.6.2.2. Das Komma vor „und" im zusammengesetzten Satz

106 Vor *und* steht in zusammengesetzten Sätzen dann ein Komma, wenn es einfache Sätze bzw. Satzgefüge zu einer Satzverbindung/Satzreihe verknüpft:

Die Feuerwehr war in wenigen Minuten zur Stelle, *und* der Brand konnte schnell gelöscht werden.
(einfacher Satz)   (einfacher Satz)
Draußen war es so dunkel, daß man nicht die Hand vor Augen sehen konnte,
(Satzgefüge)
und wir mußten uns wie Blinde vorwärtstasten, damit wir nicht an einen Mauervorsprung stießen.
(Satzgefüge)

107 Die Kommasetzung vor *und* bereitet vor allem dann Schwierigkeiten, wenn das erste Satzgefüge mit einem Nebensatz endet und das zweite mit einem Nebensatz beginnt:

Ich hoffe, daß du mich besuchst, *wenn du nach Dresden kommst,* und *wenn du Lust hast,* könnten wir gemeinsam in die Oper gehen.

2.6.3. Die Zeichensetzung bei der direkten Rede und beim Zitat

108 Mit der direkten Rede werden mündliche Aussagen wörtlich wiedergegeben. Meistens wird sie von einem Begleitsatz (*er sagte*) eingeleitet; doch kann dieser auch am Ende der direkten Rede folgen oder (als Schaltsatz) in sie eingeschoben werden:

Dann fragte er sie: „Ziege, bist du satt?"
(——————: „.............?"

„Nun bist du doch endlich einmal satt", *sagte der Schneider.*
(„................................", ——————.)

„Der gottlose Bösewicht", *schrie der Schneider,* „so ein frommes Tier hungern zu lassen!"
(„...................", ——————, „...................!")

109 Bei der direkten Rede sind folgende Satzzeichenregeln zu beachten:
- Die direkte Rede wird in Anführungszeichen eingeschlossen.
- Nach dem voranstehenden Begleitsatz steht ein Doppelpunkt.
- Der eingeschaltete Begleitsatz wird in Kommas eingeschlossen.
- Vor dem nachfolgenden Begleitsatz steht ein Komma, wenn die direkte Rede nicht mit einem Frage- oder Ausrufezeichen endet.

M e r k e : Kommas stehen außerhalb der Anführungszeichen, Satzschlußzeichen stehen innerhalb der Anführungszeichen:

Sonja sagte: „Ich hole dich ab." (————: „........ .")
Sonja fragte: „Holst du mich ab?" (————: „.......?")

„Holst du mich ab?" fragte Sonja. („. . . . .?" ————.)
„Ich hole dich ab", sagte Sonja. („. . . . .", ————.)

Unter einem Zitat verstehen wir die wörtliche Wiedergabe gedruckter bzw. ge- **110**
schriebener Texte oder Textstellen. Es wird wie die wörtliche Rede durch Anführungszeichen gekennzeichnet.
Das Zitat erfordert zugleich die genaue Angabe der Quelle, aus der es entnom-
men ist:

> Neil Postman schreibt:
> „Problematisch am Fernsehen ist nicht, daß es uns unterhaltsame Themen präsentiert, problema-
> tisch ist, daß es jedes Thema als Unterhaltung präsentiert."
> (Aus: Postman, Neil: Wir amüsieren uns zu Tode. Urteilsbildung im Zeitalter der Unterhaltungs-
> industrie. Fischer Taschenbuch Verlag, Frankfurt am Main 1988, S. 110)

Manchmal enthält ein Zitat wiederum ein Zitat. In diesem Fall wird das letztere **111**
durch einfache Anführungszeichen gekennzeichnet:

> „Alltags nennt er mich ‚Herr von Stechlin' . . ., und wenn er ärgerlich ist, nennt er mich ‚gnädiger
> Herr'. Aber sowie ich mit Fremden komme, betitelt er mich ‚Herr Baron'. Er will was für mich
> tun." (Th. Fontane)

3. Wortarten und Wortformen

3.1. Das Wort – seine Arten und Formen

3.1.1. Das Wort als Einheit von Laut- bzw. Buchstabenverbindung und Bedeutung

112 Das Wort ist eine wichtige Grundeinheit der Sprache. Es hat folgende Merkmale:
- Jedes Wort besteht aus einem Komplex (einer Verbindung) von Lauten oder von Buchstaben, dem eine relativ selbständige Bedeutung zugeordnet ist.
- Die Bedeutung des Wortes ist ein Abbild im Bewußtsein der Menschen von dem, was das Wort bezeichnet.
- In der geschriebenen Sprache werden die Buchstabenkomplexe der Wörter durch Zwischenräume voneinander abgegrenzt, so daß die Wortgrenzen sichtbar sind.
- In der gesprochenen Sprache verfließen die Grenzen zwischen den Lautkomplexen der Wörter meistens, so daß die Wortgrenzen in der Regel nur an der Bedeutung erkannt werden können.
- Die Wörter sind die Bauteile des Satzes und der Wortgruppe; sie werden nach bestimmten Regeln miteinander verbunden.
- Von jedem Wort muß man wissen, was es bedeutet, wie es geschrieben und gesprochen wird und wie seine Formen gebildet werden.

3.1.2. Der Bau der Wörter

113 Die Wörter unserer Sprache sind von unterschiedlichem Umfang: Ein gesprochenes Wort kann aus e i n e r Sprechsilbe (z. B. *an, da, rot, los*), aus zwei (z. B. *Va-ter, fra-gen, heim-lich*) oder aus mehreren Sprechsilben (z. B. *Eis-kunst-lauf-welt-mei-ste-rin*) bestehen.

114 Viele Wörter werden in der Rede in verschiedenen Wortformen (Flexionsformen) gebraucht:

süß, süß/*er* Brei, es gibt süß/*en* Brei; leist/*en*, du leist/*est* etwas, leist/*et* Hilfe!

115 Wörter und Wortformen (Flexionsformen) können in kleinere Bestandteile zerlegt werden, die man Morpheme nennt (/ Z 339).
Das Morphem ist die kleinste lautliche und graphische Einheit der Sprache, die eine Bedeutung trägt.

Je nach ihrer Rolle und ihrer Stellung innerhalb der Wortform unterscheidet man 116
drei Arten von Morphemen (↗ Z 339):
- Stammorpheme oder Stämme,
- Wortbildungsmorpheme,
- Flexionsmorpheme (formbildende Morpheme).

So besteht beispielsweise das Wort *Ermahnungen* aus
dem Stammorphem *mahn*,
den Wortbildungsmorphemen *er-* und *-ung* und
dem Flexionsmorphem *-en*.

3.1.3. Die Einteilung der Wörter in Wortarten

Die Wörter unserer Sprache haben bestimmte Merkmale, nach denen sie sich 117
ordnen lassen. Diese Merkmale sind entweder Merkmale ihrer Bedeutung oder
Merkmale ihrer äußeren Form.

Der Form nach unterscheiden wir die Wörter danach, ob sie ihre Form in be- 118
stimmter Weise verändern können oder nicht. Eine solche Formveränderung
nennt man Flexion (Beugung). Dementsprechend unterscheiden wir veränder-
bare (flektierbare) und unveränderbare (nicht flektierbare) Wörter.

Die zwei Arten der Flexion sind die Deklination und die Konjugation. 119

- Es gibt deklinierbare Wörter, d. h. Wörter, die in einem der vier Fälle
  (Kasus) – Nominativ, Genitiv, Dativ oder Akkusativ – stehen und den Fall
  eines anderen Wortes kennzeichnen können:

  ich, meiner, mir, mich;
  das Haus, des Hauses, dem Haus, das Haus;
  mein Vater, meines Vaters, meinem Vater, meinen Vater.

- Es gibt konjugierbare Wörter, d. h. Wörter, die nach der Person verändert
  werden können:

  (ich = 1. Person) gehe, (du = 2. Person) gehst, (er, sie, es = 3. Person) geht.

  Für sie gibt es außerdem Formen, die zeitliche (und andere) Beziehungen ausdrücken:

  (ich) gehe, (du) gingst; (du) kannst, könntest.

  Die konjugierbaren Wörter bezeichnen Tätigkeiten (*ich lese*), Vorgänge
  (*Wasser verdunstet*) oder Zustände (*sie lebt*).
  Die konjugierbaren Wörter bilden die Wortart der Verben.

Die deklinierbaren Wörter (Nomina)[1] lassen sich nicht in einer Wortart zusam- 120
menfassen, weil sie sich durch weitere Merkmale voneinander unterscheiden.

- Zu den deklinierbaren Wörtern gehören solche, die Lebewesen, Gegenstände
  oder gegenständlich Gedachtes bezeichnen:

  der Mann (des Mannes usw.); das Rad (des Rades usw.); die Freude (der Freude usw.).

[1] Vgl. hierzu die Anmerkungen auf S. 44.

Man faßt sie unter der Bezeichnung Substantiv/Nomen zu einer Wortart zusammen.

Substantive werden im Deutschen mit großem Anfangsbuchstaben geschrieben.

● Es können aber auch solche Wörter sein, die stellvertretend für ein Substantiv gebraucht werden:

er, sie, es; derjenige; man

oder sich auf ein Substantiv beziehen:

meine Schwester, *unserem* Vater; *dieser* Schlüssel; *welche* Freude.

Diese Wörter werden zu der Wortart der Pronomen gezählt.

● Zu den deklinierbaren Wortarten zählen auch die Wörter, die Fall und Geschlecht eines Substantivs kennzeichnen:

der, die, das; ein, eine, ein.

Man bezeichnet sie als Artikel und unterscheidet zwischen dem bestimmten (*der*, ...) und dem unbestimmten Artikel (*ein*, ...).

● Zu den deklinierbaren Wortarten zählen ferner Wörter, die eine Eigenschaft bezeichnen:

alter (Wein), *gute* (Arbeit), *schönes* (Wetter), (mit) *frohem* (Mut).

Sie bilden die Wortart der Adjektive (Eigenschaftswörter).

Adjektive unterscheiden sich außer in ihrer Bedeutung noch dadurch von anderen Wortarten, daß sie Komparationsformen (Steigerungsformen) für den Vergleich des Grades einer Eigenschaft bilden können:

(ebenso) *groß* (wie), *größer* (als), der *größte* (Erfolg).

● Schließlich gibt es noch Wörter, die eine Menge oder einen Platz in einer Reihe bezeichnen. Viele von ihnen sind deklinierbar.

(die Arbeit) *vieler*; (von) *zweien* (fehlte jede Spur), *erster* (Klasse).

Diese Wörter bilden die Wortart der Numeralien.

121 Die Wörter, die weder deklinierbar noch konjugierbar sind, unterteilt man nach Wortarten aufgrund ihrer Bedeutung und Verwendung im Satz.

● Bezeichnen sie einen örtlichen, zeitlichen, kausalen oder anderen Umstand (z.B. *hier, abends, sicherheitshalber, schnellstens*), faßt man sie unter der Wortart der Adverbien zusammen.
● Bezeichnen sie einen solchen Umstand nur in Verbindung mit einem Substantiv und bestimmen sie zugleich den Fall des Substantivs (z.B. *an* [diesem Nachmittag], *vor* [Angst], *aus* [dem Garten]), dann bilden sie die Wortart der Präpositionen.
● Bezeichnen sie eine Beziehung zwischen Wörtern, Wortgruppen oder Sätzen (z.B. *und, denn, oder*; *daß, weil, wenn*), bilden sie die Wortart der Konjunktionen.
● Drücken sie ein Gefühl aus und haben sie zugleich Satzcharakter, dann nennt man sie Interjektionen (z.B. *Oh! Au! Pfui!*).

Für die Einteilung des Wortschatzes der deutschen Sprache in Wortarten werden in der Fachliteratur unterschiedliche Vorschläge unterbreitet. Zwar geht jede Einteilung von den wesentlichen Merkmalen der Wörter aus – ihrer allgemeinen Bedeutung und Funktion sowie ihrer äußeren Form –, doch werden einzelne Merkmale unterschiedlich gewichtet. Unterschiedlich ein- und zugeordnet werden vor allem das Numerale und das Pronomen. Der Artikel, oft dem Substantiv zugeordnet, wird manchmal auch als selbständige Wortart aufgeführt. Die Interjektion wird in einigen Vorschlägen nicht als selbständige Wortart geführt.

Überblick über die Wortarten im Deutschen

Wortart		Beispiele	wichtige Merkmale, bes. Wortartbedeutung
Substantiv/ Nomen[1] (mit Artikel)	deklinierbar	das Tier/ein Tier, der Baum/ein Baum; eine Frage, der Mut, die Angst, das Dunkel; Frank, Anette; Kiel	Bezeichnungen für Lebewesen, Sachen und gegenständlich Gedachtes; deklinierbar; Verwendung meist mit (best. oder unbest.) Artikel; Schreibung mit großem Anfangsbuchstaben
Pronomen		ich, du, er, wir, ihr, sie; mein, dein, sein; dieser, jener; wer, was, welch; jemand, etwas, nichts	Stellvertreter oder Begleiter des Substantivs; allgemeiner Hinweis auf Lebewesen, Sachen oder gegenständlich Gedachtes; (meist) deklinierbar
Adjektiv		lang, kurz, breit, schmal, rund, oval, quadratisch, weiß, fleißig, faul, krank, gesund, eisern	Bezeichnungen für Eigenschaften und Merkmale; überwiegend deklinierbar; meist komparierbar (steigerungsfähig)
Numerale		fünf; der fünfte, zu fünft, fünftens; ein Fünftel, die Million; viele, wenige, einige	Bezeichnungen für eine bestimmte Anzahl oder für einen Platz in einer Reihe. Ihrer Verwendung entsprechend können Numeralien in Zahladjektive, Zahlsubstantive und Pronomen aufgeteilt werden.
Verb	konjugierbar	laufen, tun, handeln, regnen, schneien; sein, werden; sollen, dürfen	Bezeichnungen für Tätigkeiten, Vorgänge und Zustände; konjugierbar
Adverb	unveränderbar	hier, oben, unten; gestern, oft, bald; gern; krankheitshalber; deshalb; notfalls; dennoch, trotzdem	Bezeichnungen für Umstände des Ortes, der Zeit, der Art und Weise, des Grundes und der Folge, der Bedingung und der Einräumung
Präposition		an, auf, aus, bei, bis, für, gegen, hinter, in, nach, ohne, seit, von, vor, wegen, zu	Kennzeichnung von Beziehungen des Ortes, der Richtung, der Zeit, des Grundes usw.; Kasusforderung (Rektion)
Konjunktion		und, oder, denn, aber, weder – noch, nicht nur – sondern auch; daß, da, weil, ob, indem, nachdem, wenn	Kennzeichnung von Zusammenhängen; nebenordnende (koordinierende) K. verbinden Wörter, Wortgruppen, Sätze; unterordnende (subordinierende) K. leiten Nebensätze ein.
Interjektion		Hallo! Ach! Pfui!	Ausdruck von Gefühlen; Satzcharakter

[1] Vgl. hierzu die Anmerkungen auf der nachfolgenden Seite.

3.2. Das Substantiv/Nomen[1]

3.2.1. Merkmale des Substantivs/Nomens

122 Substantive bezeichnen Lebewesen (z.B. *Sohn, Freund; Pferd, Eule*), Gegenstände (z.B. *Haus, Buch, Elektromotor*) und gegenständlich Gedachtes (z.B. *Angst, Mut, Größe, Aufgabe, Sprung*).
- Substantive, die Lebewesen und Gegenstände bezeichnen, nennt man auch Konkreta (Singular: das Konkretum).
- Substantive, die gegenständlich Gedachtes bezeichnen, nennt man auch Abstrakta (Singular: das Abstraktum).

123 Die meisten Substantive haben eine verallgemeinerte Bedeutung. So widerspiegelt die Bedeutung von *Frau* nicht nur die Erscheinung einer einzelnen Frau, sondern alle Lebewesen mit den semantischen Merkmalen ‚menschlich‘, ‚weiblich‘ und ‚erwachsen‘.

124 Substantive, die in ihrer Bedeutung ganze Klassen von Erscheinungen widerspiegeln, werden eingeteilt in Gattungsbezeichnungen oder Appellativa (z.B. *Frau, Hund, Haus, Maschine*), Stoffbezeichnungen (z.B. *Eisen, Zucker, Bier*) und Sammelbezeichnungen oder Kollektiva (z.B. *Menschheit, Volk, Familie, Vieh, Gemüse, Obst*).

125 Ein Teil der Substantive sind Eigennamen.
- Zu den Eigennamen gehören
  - Personennamen (Vornamen und Familiennamen wie *Thomas, Beate, Goethe*),
  - geographische Eigennamen (Ländernamen, Städtenamen, Straßennamen, Gebäudenamen, z.B. *Ungarn, Erfurt, Thomas-Mann-Straße, Rathausplatz, Zillehaus*),
  - historische Eigennamen (z.B. Namen für historische Ereignisse wie *der Westfälische Friede, der Dreißigjährige Krieg*) und
  - Namen für Erzeugnisse (Titel von Büchern, Filmen, Zeitungen, Bildern, Namen von Schiffen, Fahrzeugen u.a., z.B. *„Onkel Toms Hütte“, „Berliner Zeitung“, Sixtinische Madonna, MS „Heinrich Mann“, Opel*).

126 Substantive werden mit großem Anfangsbuchstaben geschrieben.

3.2.2. Das Genus des Substantivs

127 Die deutsche Sprache unterscheidet drei Genera:
- das Maskulinum (männliches Geschlecht),
- das Femininum (weibliches Geschlecht),
- das Neutrum (sächliches Geschlecht).

---

[1] Aus pädagogischen Gründen wird der Fachausdruck *Nomen* dem Fachausdruck *Substantiv* oft vorgezogen und dabei vernachlässigt, daß Substantive eine Untergruppe der Nomina sind. (Zu den Nomina zählen alle deklinierbaren Wortarten.)
Aus diesen Gründen wird in der „Kurzen deutschen Grammatik“ der Begriff *Nomen* zwar in Verbindung mit Substantiv aufgeführt, im weiteren jedoch vor allem der Fachausdruck *Substantiv* verwendet.

Das Genus der Substantive wird durch den bestimmten Artikel gekennzeichnet. 128

Maskulinum:	Femininum:	Neutrum:
der (Mann, Baum, Ast)	*die* (Frau, Sache)	*das* (Kind, Auto)

Das Genus von Substantiven, die Lebewesen bezeichnen, stimmt nicht immer mit 129
dem natürlichen Geschlecht dieser Lebewesen überein:

das Mädchen, das Fräulein, das Weib, die Drohne (= ‚männliche Biene‘).

● Bei Berufsbezeichnungen und Titeln für Frauen wird heute meist das Suffix *-in*
verwendet, z.B. *Professorin, Ingenieurin, Redakteurin.* Wenn eine feminine
Form fehlt bzw. noch nicht üblich ist, gebraucht man die maskuline (als ge-
schlechtsneutrale) Form:

Frau X ist Präses der evangelischen Kirche; der Filmstar Greta Garbo.

● Mit Bezug auf *Weib, Fräulein, Mädchen* kann ein Pronomen im Neutrum oder
im Femininum gebraucht werden:

Kennst du das Mädchen? – Ich kenne *es* (oder: *sie*).

Zuweilen besitzen gleichlautende Substantive mit verschiedenen Bedeutungen 130
(Homonyme) unterschiedliches Genus:

der Bauer/das Bauer, der Band/das Band, der Erbe/das Erbe, der Gehalt/das Gehalt, der Kiefer/
die Kiefer, der Schild/das Schild, der Flur/die Flur.

Bei einigen Substantiven schwankt das Genus. So sind gleichermaßen richtig: 131

der Bonbon/das Bonbon, der Keks/das Keks, der Kehricht/das Kehricht, das Liter/der Liter, der
Filter/techn: das Filter, der Dschungel/das Dschungel.

Bei zusammengesetzten Substantiven richtet sich das Genus nach dem Genus des 132
Grundwortes:

das Haus + der Schlüssel = der Hausschlüssel, der Hund + die Hütte = die Hundehütte.

Substantive können mit dem bestimmten Artikel, mit dem unbestimmten Artikel 133
oder ohne Artikel verwendet werden:
● mit bestimmtem Artikel: *Der Motor* ist defekt.
● mit unbestimmtem Artikel: Es wird *ein Motor* eingebaut.
● ohne Artikel: Hier werden *Motoren* ausgestellt.

– Personennamen werden meist ohne Artikel verwendet:

Michael ist ein guter Schüler. (Aber: *Der Michael* kann alles.)

– Stoffbezeichnungen werden oft ohne Artikel verwendet:

Zucker ist ein Grundnahrungsmittel. (Aber: Reich mir doch bitte einmal *den Zucker!*)

– Der Artikel wird nicht verwendet bei der bloßen Nennung eines Lebewesens
oder Gegenstandes:

Dieses Tier heißt *Schimpanse.* – Wie heißt *Wasser* auf englisch?

- Der bestimmte Artikel wird verwendet, wenn man sich auf einen bestimmten Gegenstand der gemeinten Art bezieht:

  Gib mir doch bitte *den Bleistift,* der dort auf dem Tisch liegt!

- Der unbestimmte Artikel wird verwendet, wenn man sich auf einen beliebigen Gegenstand der gemeinten Art bezieht:

  Gib mir doch bitte *einen Bleistift!*

- Der bestimmte und der unbestimmte Artikel können verwendet werden, wenn man die Bedeutung ,jeder' zum Ausdruck bringen will:

  Der Schwerverletzte bedarf immer sofortiger Hilfe.
  Ein Schwerverletzter bedarf immer sofortiger Hilfe.

134 Der Artikel kann anzeigen, daß Wörter anderer Wortarten in die Wortart des Substantivs überführt (substantiviert/nominalisiert) worden sind:

blühen (Verb)	– das Blühen
grün (Adjektiv)	– das Grün
du (Pronomen)	– das Du (anbieten)
für, wider (Präpositionen)	– das Für und Wider
wenn, aber (Konjunktionen)	– das Wenn und Aber

3.2.3. Der Numerus des Substantivs und die Pluralbildung

135 Der Numerus (Plural: die Numeri) ist die grammatische Form des Substantivs/ Nomens, die anzeigt, ob ein oder mehr als ein Exemplar des Bezeichneten gemeint ist. Dementsprechend wird zwischen Singular (Einzahl) und Plural (Mehrzahl) unterschieden.

136 Einige Substantive können entsprechend ihrer Bedeutung nur im Singular oder nur im Plural gebraucht werden. Solche Substantive heißen entweder Singularia-tantum (Einzahl: Singularetantum) oder Pluraliatantum (Einzahl: Pluraletantum).
- Substantive, die nur im Singular stehen können, sind z. B.
  - viele Stoffbezeichnungen: *Blei; Butter, Zucker, Milch; Marmor;*
  - manche Kollektiva: *Menschheit; Vieh, Wild; Obst, Gemüse;*
  - manche Abstrakta: *Fleiß, Treue, Mut, Benehmen; das Grün.*
- Substantive, die nur im Plural stehen können, sind z. B.
  - einige geographische Eigennamen: *die USA, die Niederlande, die Alpen;*
  - manche Krankheitsbezeichnungen: *die Masern, die Pocken, die Röteln;*
  - manche Warenbezeichnungen: *die Kurzwaren, die Textilien, die Musikalien;*
  - manche Bezeichnungen für Zeiträume: *die Ferien, die Flitterwochen, Ostern.*

137 Die Pluralformen der Substantive werden auf verschiedene Weise gebildet:
- durch den Umlaut: *der Vater/die Väter, der Ofen/die Öfen;*
- durch die Endungen -e: *Aal-e, Tag-e, Schuh-e, Tisch-e;*
  - -(e)n: *Frau-en, Note-n, Schwester-n;*
  - -er: *Ei-er, Kind-er, Bild-er;*
  - -s: *Sofa-s, Uhu-s, Pkw-s;*

- durch Umlaut + Endung: *Söhne, Höfe, Blätter, Bücher.*

Bei Fremdwörtern treten teilweise besondere Pluralformen auf, und zwar
- mit der Endung   *-s:*   Hotel/*Hotels,* Restaurant/*Restaurants;*
                 -a: Lexikon/*Lexika,* Abstraktum/ *Abstrakta;*
                 -i: Tempo/*Tempi,* Modus/*Modi,* Numerus/*Numeri;*
                 -en: Drama/*Dramen,* Konto/*Konten,* Museum/*Museen;*
                 -ien: Adverb/*Adverbien,* Material/*Materialien.*

Bei einer Reihe von Substantiven gibt es keine besondere Pluralform. Der Plural   **138**
wird bei diesen Substantiven durch andere Wörter oder durch den Satzzusammenhang angezeigt:

> der Deckel/*die Deckel, zwei Deckel, diese Deckel, gebrauchte Deckel. Deckel* liegen im Regal. Wir sammeln *Deckel.*

Ebenso z. B.:

> der Balken/*die Balken;* der Meister/*die Meister;* das Mädchen/*die Mädchen.*

Bei vielen gleichlautenden Substantiven mit unterschiedlichen Bedeutungen   **139**
(Homonymen) sind die Pluralformen unterschiedlich:

> der Band/*die Bände* – das Band/*die Bänder;*
> die Bank/*die Bänke* – die Bank/*die Banken;*
> der Bau/*die Bauten* – der Bau/*die Baue* (z. B. Fuchsbaue);
> der Gehalt/*die Gehalte* – das Gehalt/*die Gehälter;*
> der Strauß/*die Sträuße* (Vögel) − der Strauß/*die Sträuße* (Blumen);
> die Mutter/*die Mütter* – die Mutter/*die Muttern.*

> Beachte: Zusammensetzungen mit *-mann* bilden den Plural mit *-leute,* wenn eine Gruppe von Personen unabhängig vom Geschlecht bezeichnet werden soll: *Kaufmann/Kaufleute, Fachmann/ Fachleute.*

3.2.4.   Der Kasus des Substantivs und die Deklination

Bei der Verwendung im Satz treten die Substantive in verschiedenen Fällen   **140**
(Kasus) auf:

> *Das Kind* ist allein zu Hause.
> Die Eltern *des Kindes* sind verreist.
> Die Tante kocht *dem Kind(e)* das Essen.

Die Kasus dienen dazu, die Beziehung des Substantivs zu anderen Wörtern im   **141**
Satz zu verdeutlichen. Im Deutschen werden bei der Deklination vier Kasus
unterschieden: Nominativ, Genitiv, Dativ, Akkusativ.

Die vier Kasus werden bei der Deklination des Substantivs durch Formverän-   **142**
derungen des Substantivs und des Artikels zum Ausdruck gebracht. Nach den
Formveränderungen des Substantivs werden im Singular drei Deklinationsarten
unterschieden:

- ### 1. Deklinationsart („starke" Deklination)

Nom.	der/ein Vater	das/ein Kind
Gen.	des/eines Vaters	des/eines Kindes
Dat.	dem/einem Vater	dem/einem Kind(e)
Akk.	den/einen Vater	das/ein Kind

Merkmale der Deklinationsart: Der Genitiv trägt die Endung *-s* oder *-es*. Die anderen Kasus des Substantivs bleiben endungslos. Gelegentlich steht im Dativ die Endung *-e*.

- ### 2. Deklinationsart („schwache" Deklination)

Nom.	der/ein Junge	der/ein Bär
Gen.	des/eines Jungen	des/eines Bären
Dat.	dem/einem Jungen	dem/einem Bären
Akk.	den/einen Jungen	den/einen Bären

Merkmal der Deklinationsart: Im Genitiv, Dativ und Akkusativ trägt das Substantiv die Endung *-(e)n*. Zur „schwachen" Deklinationsart gehören nur Maskulina; sie bezeichnen stets Lebewesen (Menschen oder Tiere).

- ### 3. Deklinationsart („endungslose" Deklination) [1]

Nom.	die/eine Mutter
Gen.	der/einer Mutter
Dat.	der/einer Mutter
Akk.	die/eine Mutter

Merkmal der Deklinationsart: Die Substantive bleiben in allen Kasus endungslos.

143 Die Deklination der Substantive im Plural ist unabhängig vom Genus des Substantivs. Hat das Substantiv die Pluralendung *-e*, *-el* oder *-er*, erhält der Dativ die Kasusendung *-n*. Hat das Substantiv die Pluralendung *-en* oder *-s*, bleiben alle Pluralformen ohne Kasusendung:

Nom.	die Tische	Schlüssel	Männer	Bären	Autos
Gen.	der Tische	Schlüssel	Männer	Bären	Autos
Dat.	den Tischen	Schlüsseln	Männern	Bären	Autos
Akk.	die Tische	Schlüssel	Männer	Bären	Autos

144 Bei der Deklination der Substantive sind einige Formen besonders zu beachten:
- Einige Maskulina und das Neutrum *Herz* bilden einen Mischtyp der Deklination:

der Name(n), des Namens, dem Namen, den Namen; das Herz, des Herzens, dem Herzen, das Herz.

Ebenso wie *Name* werden dekliniert:

Buchstabe, Funke, Gedanke, Wille (vgl. die Endungen der starken und der schwachen Deklination).

- Personenbezeichnungen erhalten im Genitiv Singular die Endung *-s,* wenn sie ohne Artikel verwendet werden:

Mutters Mantel, Karstens Aufsatz, Inas Kleid, Lessings Fabeln, Heinrich Heines Gedichte.

- Personennamen, die auf *s*, *ß*, *z* oder *x* enden, erhalten im Genitiv Singular entweder einen Apostroph (Auslassungszeichen):

Hans Sachs' Fastnachtsspiele, Otto Dix' Bilder,

oder sie werden mit der Präposition *von* an das Beziehungswort angeschlossen:

die Fastnachtsspiele von Hans Sachs, die Bilder von Otto Dix.

[1] Wird auch als weibliche Deklination oder Deklination der Feminina geführt.

- Bei geographischen Namen muß das Genitiv-*s* stehen, wenn der Artikel fehlt:

  Berlins Bauwerke, Hamburgs Sehenswürdigkeiten, der Ruf Weimars.

  Steht der Artikel dabei, kann das Genitiv-*s* verwendet oder weggelassen werden:

  die Bauwerke des alten Berlin(s), die Wellen des Atlantik(s).

- Kein Genitiv-*s* und kein Apostroph stehen

  – bei geographischen Namen, die auf *s, ß, z* oder *x* enden:

    der Gipfel des Elbrus, die Schönheit des Darß;

  – bei Fremdwörtern auf *-as, -(is)mus* und *-os*:

    die Schale der Ananas, die Freunde des Tourismus, die Verse dieses Epos.

Von mehreren zusammengehörigen Personennamen (Vor- und Zunamen) und Personennamen mit Titeln erhält nur der letzte Bestandteil das Genitiv-*s*:   145

  Heinrich Heines Gedichte, Doktor Müllers Rezept, der „Freischütz" Carl Maria von Webers.

Wird der Beiname zu einem Vornamen als Ortsbezeichnung empfunden, so erhält

– der Vorname das Genitiv-*s*, wenn ein Substantiv als Beziehungswort vorangeht:

  die Sprüche Walthers von der Vogelweide, der Parzival Wolframs von Eschenbach;

– der Beiname das Genitiv-*s*, wenn ein Substantiv als Beziehungswort folgt:

  Walther von der Vogelweides Sprüche, Wolfram von Eschenbachs Parzival.

Der Genitiv eines Substantivs kann manchmal durch Präpositionen mit dem Dativ oder mit dem Akkusativ ersetzt werden: 146

  das spezifische Gewicht *des Eisens/von Eisen*; die Leistungen *der Schüler/von Schülern*; sich *einer Sache* erinnern/sich *an eine Sache* erinnern.

Herr wird vor Personennamen und Titeln stets dekliniert: 147

  Herrn Müllers Unterricht, die Akte für *Herrn* Werner.

Titel von Büchern, Zeitschriften, Zeitungen, Filmen, Bildern u. ä. werden dekliniert, oder die Deklination wird von einem vorangestellten Substantiv übernommen: 148

  die Autorin *des „Siebten Kreuzes"* / *des Romans „Das siebte Kreuz"*;
  in *der „Welt"* / in *der Zeitung „Die Welt"*;
  der Maler *des „Eisenwalzwerks"* / *des Gemäldes „Das Eisenwalzwerk"*.

3.3. Das Pronomen

3.3.1. Merkmale der Pronomen

149 Verschiedene Arten von Stellvertretern und Begleitern des Substantivs/Nomens werden als Pronomen zusammengefaßt (lat. *pro nomine* = für ein Nomen).

> Herr Schulze wird zu *ich*, wenn er von sich selbst spricht, zu *du* oder *Sie,* wenn man ihn anredet, zu *er,* wenn man von ihm spricht. Man verwendet *dieser* oder *der da,* wenn man auf ihn zeigt, *wer?,* wenn man nach ihm fragt. Wir sprechen von dem Buch, das Herrn Schulze gehört. Er nennt es *mein* Buch. Wir sehen, wie er in *seinem* Buch liest.

150 Pronomen werden häufig anstelle vorausgehender Substantive gebraucht, um wörtliche Wiederholungen zu vermeiden:

> Georg trifft seinen Lehrer. *Er* grüßt *ihn* und reicht *ihm* die Hand.

151 Entsprechend ihren unterschiedlichen Bedeutungen und Formen werden die Pronomen in folgende Arten eingeteilt:
- Personalpronomen (persönliche Fürwörter): *ich, du, er, sie, es; wir, ihr, sie;*
- Possessivpronomen (besitzanzeigende Fürwörter): *mein, dein, sein; unser, euer, ihr;*
- Indefinitpronomen (unbestimmte Fürwörter): *man, jemand, niemand, mancher; etwas, kein* u. a.;
- Demonstrativpronomen (hinweisende Fürwörter): *dieser, diese, dieses; jener, jene, jenes; der, die, das;*
- Relativpronomen (bezügliche Fürwörter): *der, die, das; welcher, welche, welches; was;*
- Interrogativpronomen (Fragefürwörter): *wer?, was?; welcher?, welche?, welches?; was für ein?.*

152 Die meisten Pronomen werden dekliniert:

> *Er* (mein Freund) kommt heute. Ich begrüße *ihn* und danke *ihm* für *seinen* Besuch. – *Meine* Armbanduhr geht auf die Minute genau. Auf *meiner* Armbanduhr ist es Punkt sieben. – Das Buch, *das* ich mir ausgeliehen habe, *dessen* Bilder mir so gut gefallen, ...

153 Pronomen werden in der Regel mit kleinem Anfangsbuchstaben geschrieben. Eine Ausnahme bilden die Höflichkeitsformen *Sie, Ihnen, Ihr(er).* In Briefen werden auch die übrigen Anredepronomen mit großem Anfangsbuchstaben geschrieben:

> Liebe Ursel, ich danke *Dir* ..., grüße *Dich* ..., bitte *Deinen* Bruder ..., lade *Euch* ... ein.

3.3.2. Personalpronomen

154 Die Personalpronomen (persönlichen Fürwörter) werden im Singular und im Plural in drei Personen verwendet.
- Mit *ich* (1. Person Sing.) bezeichnet sich in der Regel der Sprecher selbst; mit *wir* (1. Person Plur.) bezeichnet sich die Personengruppe, für die gesprochen wird.

- Mit *du* (2. Person Sing.) bezeichnet der Sprecher die von ihm angesprochene Person, mit *ihr* (2. Person Plur.) die von ihm angesprochene Personengruppe.
- Die 3. Person steht für ein Substantiv im Singular (*er, sie, es*) oder im Plural (*sie*).

Die Personalpronomen der 3. Person richten sich im Singular nach dem Genus des **155** Substantivs, das sie vertreten:

> Peter lernt Französisch. *Er* geht in die 7. Klasse. – Ines nimmt Musikunterricht. *Sie* lernt Klavier spielen.

Die übrigen Personalpronomen weisen keine Genusunterschiede auf.
Die Höflichkeitsform der Personalpronomen richtet sich nach dem Personalpronomen der 3. Person Plural (*sie – Sie*).

Die Personalpronomen werden im Singular und im Plural dekliniert. Die Kasus-   **156** formen haben verschiedene Stämme (z. B. *ich, mein; du, dein* usw.).

Singular (Einzahl)

	1. Pers.	2. Pers.	3. Pers.		
			Mask.	Fem.	Neutr.
Nom.	ich	du	er	sie	es
Gen.	meiner	deiner	seiner	ihrer	seiner
Dat.	mir	dir	ihm	ihr	ihm
Akk.	mich	dich	ihn	sie	es

Plural (Mehrzahl)

	1. Pers.	2. Pers.	3. Pers.	Höflichkeitsform
Nom.	wir	ihr	sie	Sie
Gen.	unser	euer	ihrer	Ihrer
Dat.	uns	euch	ihnen	Ihnen
Akk.	uns	euch	sie	Sie

Das Pronomen *es* hat einige besondere Verwendungsweisen: **157**
- Das Pronomen *es* tritt nicht nur als Stellvertreter eines Substantivs auf, es kann auch ein Adjektiv oder ganze Satzteile vertreten:

> Monika ist *fleißig*, Heike ist *es* nicht.
> *Er sprach sehr leise*, man konnte *es* kaum verstehen.

- Das Pronomen *es* steht als Subjekt in Sätzen, die Witterungserscheinungen, Geräusche, Zeitangaben und ähnliches bezeichnen:

> Es blitzt, donnert, nieselt, ... – Es klopft, klingelt, dröhnt, ... – Es ist Abend, Nacht, Mittag, ...
> – Es ist kalt, neblig, trübe, ... (↑ Z 49).

- Das Pronomen *es* kann am Satzanfang verwendet werden, um damit eine betonte Endstellung anderer Satzglieder zu ermöglichen und zugleich die Zweitstellung der finiten Verbform dabei zu erhalten:

    Es waren zwei Königskinder. – Es folgte ein Lichtbildervortrag (↑ Z 50).

158 Bezeichnet das Pronomen denselben Gegenstand wie das Subjekt des Satzes, so nennt man es Reflexivpronomen (rückbezügliches Fürwort):

    Er wäscht *sich*. – *Sie* waschen *sich*. – *Er* wäscht *sich* die Füße. – *Ich* freue *mich*. – *Du* kannst *dich* dort gut erholen.

- Von einem reziproken Gebrauch des Reflexivpronomens spricht man, wenn das Pronomen in der Bedeutung von ‚einander' die Wechselbeziehung zwischen mehreren Partnern kennzeichnet:

    Sie begegneten *sich* (einander). – *Sie* begrüßten *sich* (einander). – *Die beiden Anlagen* steuern *sich* (wechselseitig).

- Das Reflexivpronomen hat nur in der 3. Person Singular und Plural eine eigene Form: *sich*. Sonst stimmt es mit den Formen der Personalpronomen überein:

    ich wasche *mich, du* wäschst *dich, wir* waschen *uns, ihr* wascht *euch*.

3.3.3. Possessivpronomen

159 Jedem Personalpronomen entspricht ein Possessivpronomen (besitzanzeigendes Fürwort):

    ich – mein, du – dein, er – sein (sie – ihr, es – sein); wir – unser, ihr – euer, sie – ihr.

Die Possessivpronomen lauten also:

    mein, dein, sein (ihr, sein); unser, euer, ihr.

160 Die Possessivpronomen weisen darauf hin, wem etwas zugehört:

    ich – mein Buch, Hans – sein Buch, Dagmar – ihr Buch, wir – unsere Bücher, ihr – eure Bücher, die Bibliotheken – ihre Bücher.

- Stimmen grammatisches und natürliches Geschlecht nicht überein, kann die Wahl des Possessivpronomens schwanken:

    Das Mädchen geht zu *seinen/ihren* Eltern, trifft *seine/ihre* Freundin.

161 Possessivpronomen werden überwiegend wie Adjektive gebraucht (↑ 185–188). Sie werden dann zusammen mit dem Beziehungswort dekliniert:

    Mein Vater gratuliert mir zum Geburtstag. Das Geschenk *meines Vaters* gefällt mir gut. Ich danke *meinem Vater*. Ich begleite *meinen Vater* zur Arbeit.

162 Die Deklination der Possessivpronomen im attributiven Gebrauch entspricht der Deklination des unbestimmten Artikels:

Nom.	mein Vater	unsere Stadt
Gen.	meines Vaters	unserer Stadt
Dat.	meinem Vater	unserer Stadt
Akk.	meinen Vater	unsere Stadt

Die Deklinationsformen der 2. und 3. Person werden nach dem gleichen Deklinationsmuster gebildet.
- Gelegentlich wird das Possessivpronomen mit einem vorangehenden Artikel verwendet:

(Wie geht es deinem Bruder?) *Dem meinen* geht es gut. Dir und *den Deinen* sende ich viele Grüße.

- Im prädikativen Gebrauch kann das Possessivpronomen undekliniert oder dekliniert verwendet werden:

Der Bleistift ist *mein*. Nein, das ist *meiner*.

3.3.4. Indefinitpronomen

Indefinitpronomen (unbestimmte Fürwörter) stehen für Personen oder Sachen, die nach Art und Anzahl nicht näher bestimmt sind. 163
- Nur auf Personen beziehen sich: *man, jemand, jedermann, niemand, irgendwer, irgendeiner, irgend jemand.*
- Nur auf Sachen beziehen sich: *etwas, irgend etwas, nichts.*
- Auf Personen oder Sachen beziehen sich: *alle/alles, mehrere, viele, einzelne, einige, manche, wenige, etliche, irgendwelche, jeder, keiner.*

Indefinitpronomen werden mit kleinem Anfangsbuchstaben geschrieben, auch wenn sie wie Substantive verwendet werden: 164

Ich habe *etwas* für dich. – Ist dort *jemand*? – Das gilt für *jeden einzelnen.* – Nur *wenige* erreichten das Ziel.

Beachte jedoch: Nach *etwas, viel, wenig, alles, manches, nichts* werden Adjektive wie Substantive gebraucht und groß geschrieben:
Ich habe *etwas Gutes* für dich. – In München haben wir *viel Schönes* erlebt. – Da ist *nichts Brauchbares* dabei.

Die Indefinitpronomen *alles, etwas, nichts* bleiben im Gebrauch unverändert. Die anderen Indefinitpronomen werden dekliniert: 165

| Kasus | Singular | | | Plural |
	Mask.	Fem.	Neutr.	
Nom.	jeder	jede	jedes	alle
Gen.	jedes	jeder	jedes	aller
Dat.	jedem	jeder	jedem	allen
Akk.	jeden	jede	jedes	alle

Beachte: Bei der Deklination von *man* wechselt der Wortstamm (*man – eines – einem – einen*):
Was *einem* so alles passieren kann. – Das muß *einen* aber freuen.

3.3.5. Demonstrativpronomen

166 Demonstrativpronomen (hinweisende Fürwörter) weisen im Redezusammenhang auf etwas vorhergehend oder nachfolgend Genanntes hin:

> Am vergangenen Dienstag hatte ich ein schönes Erlebnis. *Diesen* Tag werde ich so bald nicht vergessen.
> *Das* hat keiner erwartet, daß du mich heute besuchen kommst.

Ihrer Zeigebedeutung entsprechend können Demonstrativpronomen auch auf wahrnehmbare Gegenstände hinweisen:

> *Das* da ist für dich! – Zeig mir *das* bitte einmal!

167 Demonstrativpronomen sind:

> der, die, das; dieser, diese, dieses; jener, jene, jenes; derjenige, diejenige, dasjenige; derselbe, dieselbe, dasselbe; solcher, solche, solches.
>
> Beachte: Das Wort *das* hat die Funktion eines Demonstrativpronomens, wenn es durch *dies(es)* ersetzt werden kann.

168 Die Demonstrativpronomen werden nach folgender Übersicht dekliniert:

	Singular			Plural	Zusammengesetzte Formen	
	Mask.	Fem.	Neutr.		Singular	Plural
Nom.	der	die	das	die	derjenige	diejenigen
Gen.	dessen	deren	dessen	deren/derer	desjenigen	derjenigen
Dat.	dem	der	dem	denen	demjenigen	denjenigen
Akk.	den	die	das	die	denjenigen	diejenigen

169 Zu beachten sind die Bedeutungsunterschiede bei folgenden Paaren:
dieser weist auf das Näherstehende (zuletzt Genannte), *jener* auf das Entferntere (davor Genannte) hin:

> Uta hat zwei Schwestern, Anja und Helga. *Diese* (Helga) ist zwölf, *jene* (Anja) ist acht Jahre alt.

Die Paarung *diese(r) – jene(r)* tritt überwiegend im schriftlichen Sprachgebrauch auf.

170 *derselbe* bezieht sich immer auf ein und denselben (identischen) Gegenstand (im Sinne von ‚ebenderselbe‘); *der gleiche* kann sich auf denselben Gegenstand oder auf einen Gegenstand der gleichen Art (im Sinne von ‚gleichartig‘) beziehen:

> Rolf liest noch immer *dasselbe/das gleiche* Buch wie vor zwei Wochen. – In beiden Schaufenstern liegt *das gleiche* (nicht: dasselbe) Buch.

3.3.6. Relativpronomen

Relativpronomen (bezügliche Fürwörter) beziehen Nebensätze auf Personen- 171
oder Sachbezeichnungen oder (weiterführende) Nebensätze auf den gesamten
Inhalt des übergeordneten Satzes:

> Zeig mir bitte den Ball, *den* du gestern bekommen hast!
> Andreas ist ein Freund, auf *den* man sich verlassen kann.
> Es gibt offenbar nichts, *was* ihn aus der Ruhe bringt.
> Unsere Mannschaft siegte, *was* man auch von uns erwartet hatte.

Zu den Relativpronomen gehören: *der, die, das; welcher, welche, welches; wer,* 172
was.
Sie sind mit Ausnahme des Genitivs Plural formgleich mit den Demonstrativpronomen *der, die, das* und mit den Interrogativpronomen *welcher, wer, was,* und sie
werden genauso wie diese dekliniert.

Relativpronomen werden auch in Verbindung mit Präpositionen verwendet: 173

> eine Leistung, *auf die* ich stolz bin; ein Ereignis, *von dem* ich gehört habe; ein Film, *über den*
> gesprochen wird.

Anstelle von Präposition + Relativpronomen können auch Relativadverbien ver- 174
wendet werden, die aus *wo* + Präposition zusammengesetzt sind (*wobei, wonach,*
worauf, worüber u. a.), wenn das Bezugswort keine Person bezeichnet:

> vieles, an dem/*woran* man Freude hat; etwas, an was/*woran* man denkt; ein Ziel, nach dem/*wonach*
> man streben sollte.

Im Unterschied zu den Relativpronomen werden die Relativadverbien nicht 175
dekliniert.

3.3.7. Interrogativpronomen

Interrogativpronomen (Fragefürwörter) dienen dazu, nach Personen oder Sachen 176
oder nach Merkmalen von Personen oder Sachen zu fragen. Sie leiten bestimmte
Fragesätze (Ergänzungsfragen) ein.

Interrogativpronomen sind: *wer?, was?, was für ein?, welcher?* 177
- *Wer?* fragt nach Personen: *Wer kommt mit?*
- *Was?* fragt nach Sachen oder Sachverhalten: *Was ist das? Was hast du gestern*
  getan?
- *Was für ein?* fragt nach Merkmalen einer Person oder Sache: *Was ist das für ein*
  Mensch? Was für ein Bild wünschst du dir?
- *Welcher?* fragt man bei der Auswahl aus einer Menge: *Welcher Film hat dir am*
  besten gefallen? Welchen Apfel möchtest du?

178 Die Interrogativpronomen werden dekliniert. Die Deklinationsformen sind jedoch unterschiedlich ausgebaut:

	Singular			Plural
	Mask.	Fem.	Neutr.	
Nom. Gen. Dat. Akk.	wer? wessen? wem? wen?		was? was?	
Nom. Gen. Dat. Akk.	welcher? welches? welchem? welchen?	welche? welcher? welcher? welche?	welches? welches? welchem? welches?	welche? welcher? welchen? welche?

Bei *was für ein?* wird das *ein* dekliniert:

Was für einer ist das? – *Was* ist das *für eine* Geschichte?
Was für einen Rat gibst du mir?

179 Mit den Interrogativpronomen *wer?* und *was?* können die Kasus erfragt werden:

wer oder was? (Nominativ), *wessen?* (Genitiv), *wem?* (Dativ), *wen oder was?* (Akkusativ).

3.4. Das Adjektiv

3.4.1. Merkmale des Adjektivs

180 Adjektive (Eigenschaftswörter) bezeichnen Eigenschaften von Personen, Sachen, Vorgängen und Zuständen:

das *schöne* Mädchen; der *tiefe* Brunnen; *fleißig* arbeiten; *stark* verschnupft sein.

181 Adjektive können sowohl Substantive als auch Verben näher bestimmen:

die *fleißige Karin,*
Karin *ist fleißig.*
Karin *arbeitet fleißig.*

182 Die Bedeutungen zahlreicher Adjektive stehen zueinander im Verhältnis des Gegensatzes:

warm – kalt, hell – dunkel, groß – klein, schnell – langsam, lang – kurz, stumpf – spitz, gesund – krank, schön – häßlich.

183 Adjektive können Komparationsformen bilden und dabei im Vergleich zwischen Personen, Sachen, Vorgängen und Zuständen verschiedene Gradstufen einer Eigenschaft (Vergleichsstufen) zum Ausdruck bringen:

Andreas ist so *groß* wie Bernd.
Thomas ist *größer* als Bernd. – Leipzig ist eine *größere* Stadt als Zwickau.
Wir gießen die Lösung in den *größten* der (drei) Behälter.

Adjektive können auf verschiedene Weise gebildet werden.   184
Es gibt einfache, abgeleitete und zusammengesetzte Adjektive (/ Z 370–377, Z 407–423).
- einfache Adjektive: *rot, tief, süß, schwer*;
- abgeleitete Adjektive: (halten) – *haltbar*, (Gold) – *golden*, (Haus) – *häuslich*, (hier) – *hiesig*;
- zusammengesetzte Adjektive: (Haus, hoch) – *haushoch*, (Gras, grün) – *grasgrün*.

3.4.2. Die Deklination des Adjektivs

Als nähere Bestimmung eines Verbs bleibt das Adjektiv in der Regel endungslos: 185

... ist *schnell;* ... geht *schnell*.

Als nähere Bestimmung eines Substantivs wird das Adjektiv dekliniert:

ein *schneller* Entschluß.

Die Deklination des Adjektivs richtet sich in Genus, Kasus und Numerus nach   186
dem Beziehungswort. Geht dem Adjektiv eine stark deklinierte Form voraus, die
Genus und Kasus eindeutig bestimmt (*der gute Schüler, einem guten Schüler,
welcher gute Schüler*), wird das Adjektiv schwach dekliniert (Endungen *-e, -en*).
Geht keine stark deklinierte Form voraus, wird das Adjektiv stark dekliniert (vgl.
Endungen des Artikels).[1]

	Singular		
	mit best. Artikel	mit unbest. Artikel	ohne Artikel
Nom.	der harte Stahl die gute Arbeit das frische Brot	ein harter Stahl eine gute Arbeit ein frisches Brot	harter Stahl gute Arbeit frisches Brot
Gen.	des harten Stahls der guten Arbeit des frischen Brotes	eines harten Stahls einer guten Arbeit eines frischen Brotes	harten Stahls guter Arbeit frischen Brotes
Dat.	dem harten Stahl der guten Arbeit dem frischen Brot	einem harten Stahl einer guten Arbeit einem frischen Brot	(mit) hartem Stahl guter Arbeit frischem Brot
Akk.	den harten Stahl die gute Arbeit das frische Brot	einen harten Stahl eine gute Arbeit ein frisches Brot	harten Stahl gute Arbeit frisches Brot
	Plural		
Nom.	die harten Stähle		harte Stähle
Gen.	der harten Stähle		harter Stähle
Dat.	den harten Stählen		(mit) harten Stählen
Akk.	die harten Stähle		(ohne) harte Stähle

[1] Eine Ausnahme bildet der Genitiv von Maskulina und Neutra, z. B. *harten Stahls*, nicht: *hartes Stahls*.

57

187 Mehrere Adjektive vor einem Substantiv erhalten die gleiche Deklinationsendung:

> die Aneignung *fest/en, solid/en* Wissens; mit *stark/em schwarz/em* Kaffee; *weiß/er, feinkörnig/er* Sand.

Es ist heute nicht mehr üblich, das erste Adjektiv stark, das zweite schwach zu deklinieren (*mit hoh/em persönlich/en Einsatz*).

188 Auch substantivierte Adjektive und Partizipien werden wie Adjektive dekliniert:

> der Tüchtige, des Tüchtigen – ein Tüchtiger, eines Tüchtigen;
> der Verletzte, des Verletzten – ihm etwas Überraschendes mitteilen.

3.4.3. Die Komparation des Adjektivs

189 Die Komparation des Adjektivs beruht auf dem Vergleich der Eigenschaften von Personen, Sachen, Vorgängen und Zuständen. Das Vergleichsergebnis kann durch Formveränderungen des Adjektivs zum Ausdruck gebracht werden. Dabei werden drei Vergleichsstufen des Adjektivs unterschieden: der Positiv (Grundstufe), der Komparativ (Mehrstufe), der Superlativ (Meiststufe).

190 Der Positiv in Verbindung mit dem Vergleichswort (*so*) *wie* gibt an, daß eine Eigenschaft im gleichen Grade vorhanden ist:

> Klaus ist *so groß wie* Peter.

Durch Gradadverbien wie *fast, beinahe, etwa, ungefähr* können Abstufungen vorgenommen werden:

> Dieter ist *fast so groß wie* Peter.

191 Der Komparativ in Verbindung mit dem Vergleichswort *als* gibt an, daß eine Eigenschaft in unterschiedlichem Grade vorhanden ist:

> Hans ist *älter als* Dagmar. – Die Eiche hat *härteres* Holz *als* die Linde.

- Auch beim Komparativ kann der Vergleich durch Gradadverbien abgestuft werden:

  > *etwas (ein bißchen, viel, sehr viel)* größer.

- Ohne Vergleichswort verwendet, kann der Komparativ eine Abschwächung des Positivs zum Ausdruck bringen:

  > eine *ältere* Frau ist noch nicht eine alte Frau; eine *größere* Anzahl meint nicht soviel wie eine große Anzahl.

- Der Komparativ wird durch Anfügen von *-er* an das Adjektiv gebildet. Bei einfachen Adjektiven mit dem Stammvokal *a, o* oder *u* tritt oft der Umlaut auf:

  > hart – *härter*, hoch – *höher*, klug – *klüger*.

192 Der Superlativ drückt aus, daß auf der Grundlage eines Vergleichs bei einer Person oder Sache oder bei einem Vorgang oder Zustand eine Eigenschaft im höchsten Grade vorhanden ist. Er wird in der Regel bei Vergleichen zwischen mindestens drei Personen, Sachen, Vorgängen oder Zuständen verwendet. Er kann aber auch ganz allgemein einen sehr hohen Grad zum Ausdruck bringen (z. B. *mit größter Anstrengung, mit bescheidensten Mitteln*).

- Der Superlativ wird durch Anfügen von *-st* oder *-est* an den Positiv des Adjektivs gebildet:

  klein – das *kleinste* (Stück); *leicht* – die *leichteste* (Aufgabe).

- Auch im Superlativ kann der Umlaut auftreten:

  warm – der *wärmste* Tag des Jahres, *hoch* – das *höchste* Bauwerk Europas, *alt* – der *älteste* Bürger der Stadt.

Komparationsformen können nur dort sinnvoll gebildet und verwendet werden, wo die Bedeutung des Adjektivs eine Gradstufung zuläßt. **193**
Das ist beispielsweise nicht möglich und sinnvoll bei Adjektiven wie *mündlich, schriftlich, lateinisch, eisern, rechts, rechteckig, alltäglich*.
Gelegentlich können solche Adjektive in übertragener Bedeutung gesteigert werden: *die alltäglichste Begebenheit, der schwärzeste Tag seines Lebens*.

Bei einigen Adjektiven werden zur Bildung des Komparativs und des Superlativs andere Wortstämme als für den Positiv gebraucht: **194**

  gut, besser, am besten; viel, mehr, am meisten; gern, lieber, am liebsten.

Auch die Adverbien *bald* und *oft* bilden Komparationsformen, in denen sich der Wortstamm verändert:

  bald, eher, am ehesten; oft, öfter, am häufigsten.

Auch Partizipien können Komparationsformen bilden, wenn sie wie Adjektive verwendet werden: **195**

  treffend – das treffendste Beispiel, abgeschieden – selbst im abgeschiedensten Dorf.

- Bei der Bildung des Superlativs von Partizipien ist besonders der letzte Buchstabe des Partizips zu beachten, an den sich die Superlativendung anschließt:

  die *entschieden-ste* Ablehnung, der *entscheidend-ste* Schlag, in den *schreiend-sten* Farben, der *bedeutend-ste* Gelehrte.

- Bei Partizipien, die mit einem Adjektiv zusammengesetzt sind, ist sinngemäß nur das erste Glied zu komparieren:

  das *dichtestbesiedelte* (nicht: das dichtbesiedeltste) Gebiet, eine *höhergestellte* (nicht: eine hochgestelltere) Persönlichkeit.

Nur bei einigen Zusammensetzungen, die als feste Einheiten empfunden werden, ist auch die Komparation des letzten Gliedes möglich:

  das *wohlschmeckendste* Gericht, *weitgehendste/weitestgehende* Zugeständnisse.

Falsch ist die Komparation beider Glieder der Zusammensetzung.

3.5. Das Numerale

196 Numeralien (Zahlwörter) bezeichnen Mengen oder einen Platz in einer Reihe und werden aufgrund dieser Gemeinsamkeit in ihrer Bedeutung zu einer Wortart zusammengefaßt.

Nach der Verwendung im Satz und Merkmalen der Flexion kann man Zahladjektive (*fünf, fünfte* Klasse), Zahlsubstantive (die *Eins*, ein *Drittel*, eine *Milliarde*), Zahladverbien (*fünfmal, fünftens*) und Indefinitpronomen (*alle, viele, wenige, manche*) (↑ Z 163) unterscheiden, also Numeralien anderen Wortarten zuordnen.

197 Die meisten Numeralien werden wie Adjektive als nähere Bestimmung von Substantiven und Verben gebraucht:

> Heute kommen *drei* Gäste zu uns. – Die *dritte* Kugel trifft. – Wir sind *drei*.

198 Numeralien, die eine Anzahl bezeichnen, heißen G r u n d z a h l w ö r t e r (Kardinalzahlen). Grundzahlwörter bleiben in der Regel unflektiert; nur *zwei* und *drei* haben im Genitiv die Endung -*er*, wenn kein Artikel davorsteht:

> die Aussage *zweier, dreier* Zeugen; aber: die Verabredung der *drei* Freunde.

199 Numeralien, die einen bestimmten Platz in einer Reihe bezeichnen, heißen O r d n u n g s z a h l w ö r t e r (Ordinalzahlen). Sie werden durch -*t* oder -*st* von den Grundzahlwörtern abgeleitet:

> zwei – *der zweite*, vier – *der vierte*, zwanzig – *der zwanzigste*, hundert – *der hundertste*.

Besonderheiten zeigen:

> eins – *der erste*, drei – *der dritte*, sieben – *der sieb(en)te*.

200 Ordnungszahlwörter werden wie Adjektive dekliniert (↑ Z 185–188).

201 Wenn für die Zahlwörter Ziffern geschrieben werden, so schreibt man Grundzahlwörter ohne Punkt, Ordnungszahlwörter mit Punkt:

> *15* (fünfzehn) Schüler – der *15.* (fünfzehnte) Februar.

Besonders zwei- und mehrstellige Zahlen werden vorzugsweise mit Ziffern geschrieben.

In Verbindung mit den Abkürzungen von Maß- und Gewichtsbezeichnungen stehen immer Ziffern:

> *3,50 m, 35 kg Altpapier.*

202 Außer den Ordnungszahlwörtern gibt es folgende weitere Ableitungen von den Grundzahlwörtern (Kardinalzahlen):

- die Bruchzahlwörter: *drei zehntel* Liter, *zwei fünftel* Sekunden;
- die Wiederholungs- und Vervielfältigungszahlwörter: *einmalig*, die *zweimalige* Wiederholung; *zweifach, dreifach, hundertfach;*
- die Einteilungszahlwörter: *erstens, zweitens – zum ersten, zum zweiten;*
- die Gattungszahlwörter: *zweierlei, dreierlei, hunderterlei.*

Einteilungs- und Gattungszahlwörter sind Adverbien.   203
Indefinitpronomen, die eine zahlenmäßig unbestimmte Menge bezeichnen, werden zuweilen auch den unbestimmten Numeralien zugeordnet. Dazu gehören:
einige, wenige, viele, alle (↑ Z 163).

Wichtig ist folgende Unterscheidung: 204

> *ein Paar* Schuhe, *ein Paar* Socken (= immer zwei) – *ein paar* Pfennige, *ein paar* Jungen (zahlen-
> mäßig nicht festgelegt).

3.6. Das Verb

3.6.1. Merkmale des Verbs

Verben drücken aus, was getan wird, was geschieht oder was ist. Sie bezeichnen   205
also Tätigkeiten, Vorgänge und Zustände:

> Vater *schreibt*. – Der See *friert zu*. – Das Material *reicht aus*.

Die Verben werden – als einzige Wortart – konjugiert. Die Konjugation ist die   206
Veränderung nach Person, Numerus (Zahl), Tempus (Zeit), Modus (Aussage-
weise) und Genus verbi (Aktiv oder Passiv).

Bei der Konjugation der Verben werden unterschieden: 207
- drei Personen:
  die erste (sprechende) Person: *ich, wir*; die zweite (angesprochene) Person: *du,
  ihr*; die dritte Person (das Besprochene): *er, sie, es*; *sie*.
  Nach der Anrede *Sie* steht die 3. Person Plural.
- zwei Numeri:
  Singular (Einzahl) und Plural (Mehrzahl);
- sechs Tempora (Zeitformen):

Darstellung eines Geschehens als Verlauf (Prozeß); Darstellung eines Zustandes als andauernd:	Darstellung eines Geschehens als vollendet (als Ergebnis); Darstellung eines Zustandes als abgeschlossen:
Präsens – er liest Präteritum / Imperfekt – er las Futur I – er wird lesen	Perfekt – er hat gelesen Plusquamperfekt – er hatte gelesen Futur II – er wird gelesen haben

- drei Modi (Aussageweisen):
  Indikativ   – er kommt, kam
  Konjunktiv – er komme, käme
  Imperativ   – komm!, kommt!
- zwei Genera verbi:
  Aktiv – Er schreibt einen Brief.
  Passiv – Der Brief wird (von ihm) geschrieben.

208 Die Konjugationsformen der Verben bilden das Prädikat des Satzes. Die finite Verbform stimmt in Person und Zahl mit dem Subjekt des Satzes überein (Kongruenz) (↑ Z 38):

> *Der Chor singt* Volkslieder. (Singular)
> *Die Sänger tragen* einheitliche Kleidung. (Plural)

209 Zusammengesetzte Verbformen bilden einen prädikativen Rahmen, der andere Wortgruppen oder Wörter in sich einschließt (↑ Z 57):

> Der Lehrer *hat* das Satzgefüge *behandelt. Habt* ihr alles *verstanden?*

210 Die finite Verbform steht im eingeleiteten Nebensatz an letzter Stelle (↑ Z 6):

> Geht auf den Schulhof, *wenn* es zur Pause *klingelt!*

211 Verben können – ebenso wie Präpositionen – den Kasus des von ihnen abhängigen Substantivs oder Pronomens regieren:

das Buch lesen	lesen + Akkusativ
ihm begegnen	begegnen + Dativ
sich seiner annehmen	sich annehmen + Genitiv
Peter heißen	heißen + Nominativ
auf Tatsachen fußen	fußen + Präpositionalkasus (Präp. *auf* + Dativ)

● Manche Verben regieren zwei (meist verschiedene) Kasus nebeneinander:

ihn das Lesen lehren	lehren + doppelter Akkusativ
allen das Baden erlauben	erlauben + Dativ + Akkusativ
den Brief an den Arzt adressieren	adressieren + Akkusativ + Präpositionalkasus (Präp. *an* + Akkusativ)

● Andere Verben regieren alternativ zwei (oder mehr) verschiedene Kasus. Alternativ heißt, das gleiche Verb kann mit verschiedenen Kasus oder Präpositionen verwendet werden:

> sich freuen an, sich freuen über, sich freuen auf, sich freuen für.

● Häufig ist mit dem Wechsel der Präposition beim gleichen Verb ein Bedeutungsunterschied verbunden:

> sich über etwas freuen, sich auf etwas freuen.

3.6.2. Zur Einteilung der Verben und Verbformen

3.6.2.1. Finite und infinite Verbformen

212 Verbformen, die mit dem Subjekt in der Person (1., 2., 3. Person) und im Numerus (Singular, Plural) übereinstimmen, heißen finite (gebeugte) Verbformen oder Personalformen des Verbs:

> ich komm/*e*, du komm/*st*, er komm/*t*, wir komm/*en*, ihr komm/*t*, sie komm/*en*.

Infinitiv, Partizip I und Partizip II werden als infinite Verbformen zusammenge- 213
faßt. Sie enthalten keine Merkmale, die Person und Numerus anzeigen:

komm/*en*, komm/*end*, *ge*/komm/*en*.

Der Infinitiv ist die Nennform des Verbs, also die Form, in der Verben beispiels- 214
weise in den Wörterbüchern angeführt werden:

bleiben, kommen, lesen, sein, tun.

Der Infinitiv jedes Verbs besteht aus dem Verbstamm und der Infinitivendung
(↑ Z 427):

bleib/en, komm/en, les/en, tu/n, flatter/n, lächel/n.

Von jedem Verb können in der Regel zwei Partizipien gebildet werden: 215
Partizip I (Partizip des Präsens) und Partizip II (Partizip des Perfekts).
- Das Partizip I wird durch Anfügen eines -*d* an den Infinitiv gebildet:

bleiben/d, kommen/d, flattern/d, lächeln/d.

- Das Partizip II von einfachen und unfest zusammengesetzten Verben wird mit
dem Flexionsmorphem *ge*- gebildet. Es hat entweder die Endung -*en* oder -*(e)t*:

ge/blieb/en, ge/komm/en; auf/ge/bau/t.

- Das Partizip II von Verben mit den Präfixen *be-, ent-, er-, ver-* und *zer-,* von
fest zusammengesetzten Verben und von Verben mit Suffixen aus fremden
Sprachen wird ohne das Präfix *ge*- gebildet:

bemitleidet, entliehen, erledigt, versprochen, zerstört; wiederholt, unterbrochen; regiert, rasiert,
trainiert.

Infolgedessen lauten bei manchen starken Verben Infinitiv und Partizip II
gleich:

Infinitiv	Partizip II
bekommen	*bekommen*
erhalten	*erhalten*
überfallen	*überfallen*
umgeben	*umgeben*

Erst im Redezusammenhang kann die Form richtig ermittelt werden:

Er soll einen Preis *bekommen* (Infinitiv). − Er hat einen Preis *bekommen* (Partizip II).

- In Verbindung mit einem anderen Partizip II lautet das Partizip II von „werden" *worden*:

Sie ist soeben geprüft *worden*.

Bildet eine Form von *werden* das Prädikat, so steht *geworden*:

Mein Bruder ist Konditor *geworden*.

3.6.2.2. Konjugationsarten

216 Von jedem Verb können drei Stammformen/Leitformen gebildet werden, und zwar der Infinitiv, die 1. Person Singular Präteritum/Imperfekt und das Partizip II:

gehen – ging – gegangen; stehen – stand – gestanden; holen – holte – geholt.

217 Mit Hilfe der Stammformen werden drei Gruppen von Verben unterschieden:[1]
- Gruppe I: In den drei Stammformen verändert sich der Stammvokal; Partizip II endet auf *-en*. Verben dieser Gruppe heißen **starke Verben**. Sie sind mit einer Lautveränderung verbunden, die man Ablaut nennt:

  trinken – trank – getrunken; nehmen – nahm – genommen; reiten – ritt – geritten.

  Bei starken Verben muß der Wechsel zwischen *e* und *i* beim Imperativ (der Befehlsform) und der 2. und 3. Person Singular Präsens beachtet werden:

  sehen – du siehst – er sieht – sieh her!; nehmen – du nimmst – er nimmt – nimm!; brechen – du brichst – er bricht – Brich das Glas nicht entzwei!

- Gruppe II: In den Stammformen bleibt der Stammvokal unverändert, und das Partizip II endet auf *-t* oder *-(e)t*. Verben der Gruppe II heißen **schwache Verben**:

  fragen – fragte – gefragt; winken – winkte – gewinkt; niesen – nieste – geniest; boxen – boxte – geboxt; ordnen – ordnete – geordnet.

- Gruppe III: Verben mit lautlichen Besonderheiten in den Stammformen heißen **unregelmäßige Verben**. Dazu gehören
  - Verben mit dem Wechsel zwischen *e* im Infinitiv und *a* im Präteritum und mit der Endung *-t* beim Partizip II:

    nennen – nannte – genannt; wenden – wandte – gewandt (auch gewendet).

    Ähnlich werden konjugiert:

    senden, brennen, kennen, rennen;

  - Verben mit Veränderungen des Stammvokals (und der Konsonanten) in den Stammformen:

    bringen – brachte – gebracht; denken – dachte – gedacht; gehen – ging – gegangen; stehen – stand – gestanden; tun – tat – getan;
    (die Verben) haben – hatte – gehabt; sein – war – gewesen; werden – wurde – geworden (worden);
    (die Modalverben) dürfen, können, mögen, müssen, sollen, wollen (↗ Z 224) und (das Verb) wissen (ich weiß – ich wußte – ich habe gewußt).

- Einige Verben können sowohl stark (wie Gruppe I) als auch schwach (wie Gruppe II) konjugiert werden. Bei vielen dieser Verben bestehen wichtige Bedeutungsunterschiede:

  Der Künstler *schuf* viele berühmte Gemälde. Er hat auch eine Plastik *geschaffen*. / Roland *schaffte* das Fahrrad weg. Er hat sein Pensum *geschafft*.

---

[1] In manchen Grammatiken werden zwei Gruppen unterschieden: regelmäßige und unregelmäßige Verben. Letzteren werden die starken Verben zugeordnet.

Die Verkäuferin *wog* das Obst. Sie hat es *gewogen*. / Die Mutter *wiegte* die Petersilie. Sie hat sie *gewiegt*.

Die Wäsche *hing* auf der Leine. Sie hat dort *gehangen*. / Die Frau *hängte* die Wäsche auf die Leine. Sie hat die Wäsche auf die Leine *gehängt*.

Das Mädchen *erschrak* vor dem Wildschwein. Sie war *erschrocken*. / Der Lärm hat den Goldhamster *erschreckt*. Ein plötzlicher Donner *erschreckte* ihn.

3.6.2.3. *Einfache und zusammengesetzte Verbformen / Die Verben „haben", „sein", „werden"*

Präsens Aktiv und Präteritum Aktiv sind einfache Verbformen. Sie bestehen nur **218** aus einer Wortform, z. B. (er) *bleibt*, (er) *blieb*.
Alle anderen konjugierten Verbformen sind zusammengesetzte Formen, d. h., sie bestehen aus einer finiten und einer infiniten Form oder aus einer finiten und mehreren infiniten Formen, die zusammengehören:

> er ist geblieben, er hat gewartet, er wird es geschafft haben, er wird aufgehalten worden sein.

Die zusammengesetzten Tempusformen Perfekt und Plusquamperfekt bestehen **219** aus einer finiten Verbform von *haben* oder *sein* und dem Partizip II.
Perfekt = Präsens von *haben* oder *sein* und Partizip II:

> ich habe gelesen, du hast gelesen, er hat gelesen;
> ich bin gekommen, du bist gekommen, er ist gekommen.

Plusquamperfekt = Präteritum von *haben* oder *sein* und Partizip II:

> ich hatte gelesen, er war gekommen.

haben wird zur Bildung von Perfekt und Plusquamperfekt gebraucht **220**
- bei allen Verben, die ein Akkusativobjekt haben können:

> Er *hat* (das Gedicht) *gelernt*. – Er *hat* den Brief *bekommen/erhalten*.

- bei allen reflexiven und reflexiv gebrauchten Verben (↑ Z 234):

> Sie *hat sich gefreut*. – Ein Unfall *hat sich ereignet*.

- bei allen Modalverben (↑ Z 224):

> Er *hat* den Streit *gewollt*.– Er *hat* nicht zu mir kommen *dürfen*.

- bei allen unpersönlichen Verben (↑ Z 235):

> Gestern *hat* es *geregnet*, *geblitzt* und *gedonnert*.

- bei intransitiven Verben (↑ Z 233), die einen Zustand bezeichnen:

> Er *hat* acht Stunden *gearbeitet*. – Das Kind *hat* lange *geschlafen*. – Sie *hat* auf ihn *gewartet*. – Die Tulpen *haben* schon *geblüht*.

sein wird zur Bildung von Perfekt und Plusquamperfekt gebraucht **221**
- bei Verben der Bewegung, die eine Ortsveränderung bezeichnen:

> Bernd *ist* zum Bahnhof *gegangen* / *gelaufen* / *gefahren*.

- bei intransitiven Verben, die den Übergang von einem Zustand in einen anderen oder von einem Geschehen in ein anderes bezeichnen:

  Das Kind *ist eingeschlafen.* – Die Blume *ist verwelkt.*

- bei den Verben *sein, werden* und *bleiben*:

  Er *ist* bei uns *gewesen.* – Er *ist* Meister *geworden.* – Er *ist* drei Tage bei uns *geblieben.*

222 *werden* wird zur Bildung von Futur I, Futur II und des Passivs gebraucht:
- Futur I wird aus den Präsensformen von *werden* und dem Infinitiv gebildet:

  ich *werde studieren,* du *wirst studieren,* er *wird studieren.*

- Futur II wird aus den Präsensformen von *werden,* einem Partizip II und dem Infinitiv von *haben* oder *sein* gebildet:

  Ich *werde* es bald *geschafft haben.* – Sie *wird* schon im Kaufhaus *gewesen sein.*
  Er *wird* den Zug *verpaßt haben.* – Sie *werden* sich im Walde *verirrt haben.*

- Das Passiv wird aus den Konjugationsformen von *werden* und dem Partizip II gebildet:

Präsens:	ich werde geprüft	Plusquamperfekt:	wir waren überrascht worden
Präteritum:	du wurdest vermißt	Futur I:	ihr werdet abgeholt werden
Perfekt:	er ist gelobt worden	Futur II:	sie werden gewarnt worden sein

223 Bilden Formen von *haben, sein* oder *werden* zusammen mit dem Infinitiv oder Partizip II eines Verbs eine zusammengesetzte Tempusform dieses Verbs, dann gelten *haben, sein* und *werden* als Hilfsverben:

  ich *habe gesungen, bin gelaufen;* ich *wurde ausgewählt.*

Sie können daneben auch selbständig gebraucht werden:

  Du *hast* Glück. – Mein Vater *ist* zufrieden. – Meine Schwester *wird* Lehrerin.

Konjugationstabellen für *haben, sein* und *werden*

Präsens Indikativ und Konjunktiv

Pers.	Ind.	Konj.	Ind.	Konj.	Ind.	Konj.
ich	habe	habe	bin	sei	werde	werde
du	hast	habest	bist	sei(e)st	wirst	werdest
er	hat	habe	ist	sei	wird	werde
wir	haben	haben	sind	seien	werden	werden
ihr	habt	habet	seid	seiet	werdet	werdet
sie	haben	haben	sind	seien	werden	werden

Präteritum Indikativ und Konjunktiv

Pers.	Ind.	Konj.	Ind.	Konj.	Ind.	Konj.
ich	hatte	hätte	war	wäre	wurde	würde
du	hattest	hättest	warst	wär(e)st	wurdest	würdest
er	hatte	hätte	war	wäre	wurde	würde
wir	hatten	hätten	waren	wären	wurden	würden
ihr	hattet	hättet	wart	wär(e)t	wurdet	würdet
sie	hatten	hätten	waren	wären	wurden	würden

Tempusformen des Verbs im Indikativ Aktiv

Pers.	Numerus	Präsens		Präteritum	
1.	Singular	ich schreibe	komme	ich schrieb	kam
2.	Singular	du schreibst	kommst	du schriebst	kamst
3.	Singular	er schreibt	kommt	er schrieb	kam
1.	Plural	wir schreiben	kommen	wir schrieben	kamen
2.	Plural	ihr schreibt	kommt	ihr schriebt	kamt
3.	Plural	sie schreiben	kommen	sie schrieben	kamen

Pers.	Perfekt		Plusquamperfekt	
ich	habe geschrieben	bin gekommen	hatte geschrieben	war gekommen
du	hast geschrieben	bist gekommen	hattest geschrieben	warst gekommen
er	hat geschrieben	ist gekommen	hatte geschrieben	war gekommen
wir	haben geschrieben	sind gekommen	hatten geschrieben	waren gekommen
ihr	habt geschrieben	seid gekommen	hattet geschrieben	wart gekommen
sie	haben geschrieben	sind gekommen	hatten geschrieben	waren gekommen

Pers.	Futur I	Futur II	
ich	werde schreiben	werde geschrieben haben	werde gekommen sein
du	wirst schreiben	wirst geschrieben haben	wirst gekommen sein
er	wird schreiben	wird geschrieben haben	wird gekommen sein
wir	werden schreiben	werden geschrieben haben	werden gekommen sein
ihr	werdet schreiben	werdet geschrieben haben	werdet gekommen sein
sie	werden schreiben	werden geschrieben haben	werden gekommen sein

3.6.2.4. Modalverben

Die Verben *dürfen, können, mögen, müssen, sollen, wollen* werden Modalverben oder modale Hilfsverben genannt.[1] Sie werden in der Regel mit dem Infinitiv eines anderen Verbs ohne *zu* verbunden:

224

Du *darfst* bleiben. – Er *kann* Auto fahren.

In solchen Verbverbindungen drücken diese Verben z. B. eine Erlaubnis, Möglichkeit, Notwendigkeit, Forderung oder Absicht aus (↑ Z 230).

Konjugationstabelle der Modalverben

Präsens Indikativ

Pers.	dürfen	können	mögen	müssen	sollen	wollen
ich	darf	kann	mag	muß	soll	will
du	darfst	kannst	magst	mußt	sollst	willst
er	darf	kann	mag	muß	soll	will
wir	dürfen	können	mögen	müssen	sollen	wollen
ihr	dürft	könnt	mögt	müßt	sollt	wollt
sie	dürfen	können	mögen	müssen	sollen	wollen

[1] In manchen Einteilungen werden die Modalverben als eigenständige Untergruppe der Verben, aber nicht als spezielle Untergruppe der Hilfsverben aufgeführt.

Präteritum Indikativ

Pers.	dürfen	können	mögen	müssen	sollen	wollen
ich	durfte	konnte	mochte	mußte	sollte	wollte
du	durftest	konntest	mochtest	mußtest	solltest	wolltest
er	durfte	konnte	mochte	mußte	sollte	wollte
wir	durften	konnten	mochten	mußten	sollten	wollten
ihr	durftet	konntet	mochtet	mußtet	solltet	wolltet
sie	durften	konnten	mochten	mußten	sollten	wollten

225 Der Konjunktiv I (Konjunktiv Präsens) wird mit Umlaut (außer *sollen* und *wollen*) und dem Morphem *-e* (als Endung oder vor der Personalendung) gebildet:

ich dürfe, könne, möge, müsse, solle, wolle; du dürftest, könntest, mögest, müssest, sollest, wollest usw.

Der Konjunktiv II (Konjunktiv Präteritum) wird bei den Modalverben *dürfen, können, mögen, müssen* vom Präteritum Indikativ durch Umlaut unterschieden:

ich dürfte (durfte), könnte (konnte), möchte (mochte), müßte (mußte).

In der Bedeutung ‚Wunsch‘ wird *möchte* als gegenwärtig aufgefaßt.

226 Bei *sollen* und *wollen* lauten Indikativ und Konjunktiv im Präteritum in allen finiten Formen gleich.

227 Die Modalverben können keine Imperativformen bilden, aber *sollen* und *müssen* werden oft zum Ausdruck einer Aufforderung, *nicht dürfen* zum Ausdruck des Verbots gebraucht:

Du *sollst/mußt* still sein. – Du *darfst nicht* stören.

228 In Konjugationsformen, die aus einem Modalverb, dem Infinitiv eines anderen Verbs und einer finiten Verbform bestehen, steht anstelle des Partizips II der Infinitiv des Modalverbs:

Ich habe gestern nicht kommen *dürfen*. (Falsch: Ich habe nicht kommen gedurft.)
Er hatte die Aufgabe bis zum nächsten Tage lösen *müssen*.
Er hat den Unfall leider nicht verhindern *können*.

Nur wenn das Modalverb allein mit der finiten Form von *haben* gebraucht wird, steht das Partizip II:

Sie *hat* Makkaroni nicht *gemocht*. – Sie *hat* nicht ins Kino *gedurft*.

229 Im eingeleiteten Nebensatz steht bei zusammengesetzten Verbformen mit Modalverben die finite Form des Hilfsverbs immer vor den infiniten Verbformen:

Er ist der Ansicht, daß du ihn *hättest grüßen sollen*. – Ich bin froh, daß ich *habe* zu Ihnen *kommen dürfen*. – So ist der Unfall passiert, der bei größerer Vorsicht *hätte vermieden werden können*.

Die Modalverben werden im Indikativ vor allem in folgenden Bedeutungen
gebraucht:

- dürfen – ‚Erlaubnis‘, ‚Berechtigung‘:

  Du *darfst* morgen baden gehen.

- können – ‚Möglichkeit‘:

  Die Brücke *konnte* dank enger Zusammenarbeit mehrerer Baufirmen in einem Jahr fertiggestellt werden.

  ‚Fähigkeit‘:

  Meine kleine Schwester *kann* schon laufen.

  ‚Bitte um Erlaubnis‘:

  Kann ich heute ins Kino gehen?

  (Diese Verwendung von *können* gilt als umgangssprachlich.)

- mögen – ‚Wunsch‘, ‚Neigung‘:

  Ich *möchte* gern Chemiker werden.

  (Diese Form ist eigentlich Konjunktiv II, hat aber die Bedeutung eines Indikativ Präsens.)

  ‚Vermutung‘:

  Das *mag* richtig sein. – Sie *mochte* zwölf Jahre alt sein.

  ‚Einräumung‘:

  Er *mag* sich jetzt noch so anstrengen, was er versäumt hat, wird er kaum so bald nachholen können.

- müssen – ‚Notwendigkeit‘:

  Fritz ist krank, er *muß* im Bett bleiben.
  Du *mußt* morgen pünktlich sein.

  ‚Vermutung mit hohem Geltungsanspruch‘:

  Fritz sieht blaß und schmal aus; er *muß* krank gewesen sein.

- sollen – ‚Forderung‘, ‚Auftrag‘:

  Du *sollst* die Nachricht sofort weitergeben.

  ‚Wiedergabe einer fremden Meinung‘:

  Dieser Roman *soll* sehr spannend sein.

- wollen – ‚Absicht‘, ‚Vorhaben‘:

  Paul trainiert täglich, er *will* am Wettkampf teilnehmen.
  Jana *will* zur Disko.

  ‚Bestimmungszweck‘:

  Diese Broschüre *will* Jugendliche über die Berufsausbildung im Bauwesen informieren.

  ‚Zweifel an einer Behauptung‘:

  Kai *will* die Kugel acht Meter weit gestoßen haben.

231 Einige Modalverben haben im Konjunktiv II spezielle Bedeutungen:

dürfen – ‚Vermutung':

> Anja *dürfte* jetzt zu Hause sein.

können – ‚Vermutung':

> Dieses Ergebnis *könnte* stimmen.

sollen – ‚Empfehlung':

> Du *solltest* einmal zum Arzt gehen.

‚Bedingung':

> *Sollte* es regnen, bleiben wir zu Hause und verschieben den Ausflug.

Beachte: Nach *brauchen* steht der Infinitiv mit *zu*, wenn dieses Verb bei der Verneinung anstelle von *müssen* steht:

> Du *brauchst* dir keine Sorgen zu machen. – Ich *brauche* nicht zu kommen.

3.6.2.5. Transitive, intransitive, reflexive und unpersönliche Verben

232 Verben, die ein Akkusativobjekt bei sich haben und ein persönliches Passiv bilden können, heißen **transitive Verben**:

> ein Gedicht lernen, ein Haus bauen (Passiv: Das Gedicht wird gelernt. – Das Haus wird gebaut.).

Auch Verben mit zwei Objekten, von denen eines im Akkusativ steht, sind transitive Verben:

> Vater *leiht* mir *das Wörterbuch*. – Meine Tante *hat mich* zum Abendbrot *eingeladen*. – Wir *versichern die Freunde* unserer Anteilnahme.

233 Verben, die kein Akkusativobjekt bei sich haben und kein persönliches Passiv bilden können, heißen **intransitive Verben**:

* Zu den intransitiven Verben gehören Verben ohne Objekt sowie Verben mit Dativ-, Genitiv- oder Präpositionalobjekt:

> Er *schweigt*. – Das Geschenk *gefällt* mir. – Wir *gedenken* der Toten. – Er *denkt* über die Lösung der Aufgabe *nach*.

* Intransitiv sind auch Verben mit einem Akkusativobjekt, die nicht im Passiv gebraucht werden:

> Im Februar *haben* wir Winterferien. – Katrin *erhält* ein Lob. – Torsten *kennt* den Weg zum Blockhaus.

234 Verben, die immer mit dem Reflexivpronomen *sich* gebraucht werden, heißen **reflexive Verben**:

> Heinz *besinnt sich* auf seine Pflichten. – Er *schämt sich* seiner Unachtsamkeit. – Olaf *freut sich* auf die Reise an die Nordsee.

235 Eine Reihe von Verben können nicht mit den Personalpronomen *ich, du, wir* oder *ihr* als Subjekt verbunden werden. Sie werden **unpersönliche Verben**

genannt. Sie bezeichnen Naturvorgänge oder stehen bei einem Substantiv als Subjekt, das einen Vorgang bedeutet:

Es *blitzt, regnet, nieselt, schneit, dämmert,* ...
Vor kurzem hat *sich* an dieser Stelle ein Unfall *ereignet.*

In diesen Zusammenhang gehört auch die feste Verbindung *es gibt:*

Es gibt noch keine näheren Angaben über die Stärke des Vulkanausbruchs. – *Es gibt* zwei Möglichkeiten, die Aufgabe zu lösen.

3.6.3. Der Gebrauch der Tempusformen des Indikativs

3.6.3.1. Präsens

Das Präsens verwenden wir in Sätzen, in denen mitgeteilt wird,   236
- was gerade jetzt, unmittelbar gegenwärtig geschieht (Gegenwart):

  Ich *schreibe* einen Brief an Hanna. – Bei uns *blühen* die Kirschbäume.

- was immer, jederzeit so ist (gilt immer):

  Die Erde *umkreist* die Sonne. – Die Winkelsumme im Dreieck *beträgt* 180°. – Steter Tropfen *höhlt* den Stein. – Meine Mutter *steht* morgens regelmäßig um fünf Uhr *auf.*

- was erst künftig geschehen soll, was noch bevorsteht (Zukunft):

  Morgen nachmittag *gehe* ich zu einer Uraufführung ins Theater. – Nächstes Jahr *kommt* sein Bruder aus der Schule.

  Wird das Präsens zur Wiedergabe zukünftigen Geschehens verwendet, so werden die Verbformen meist durch Adverbialbestimmungen der Zeit ergänzt.

- Schließlich verwendet man das Präsens auch, um Vergangenes besonders lebendig darzustellen, es gewissermaßen in die Gegenwart „herüberzuholen". Dabei kann innerhalb des Textes auch ein Tempuswechsel erfolgen:

  (Gestern eilte ich im Laufschritt zur Schule.) Da *fällt* mir doch mitten auf der Straße *ein,* daß wir Turnen *haben* und daß ich mein Sportzeug *brauche.* Ich *kehre* auf der Stelle *um,* in diesem Augenblick *nähert sich* mir ein Motorrad ...

3.6.3.2. Perfekt

Das Perfekt verwenden wir,   237
- wenn wir ein Geschehen oder einen Zustand als abgeschlossen (resultativ) darstellen wollen:

  Wir *sind* heute draußen im Wald *gewesen* und *haben* Heidelbeeren *gesammelt.* – Ich *habe* die schwierige Aufgabe *gelöst.* – Ich *bin* meinem früheren Lehrer *begegnet.*

- wenn wir zum Ausdruck bringen wollen, daß ein Geschehen abgeschlossen ist oder abgeschlossen sein muß, bevor ein anderes beginnt:

  Wenn man das Beet *umgegraben hat,* harkt man es und zieht Rillen für den Samen.

- wenn ein Geschehen erst in der Zukunft vollendet sein wird:

  Morgen um diese Zeit *haben* wir den Klassenaufsatz *geschrieben.*

3.6.3.3. Präteritum/Imperfekt und Plusquamperfekt

238 Das Präteritum/Imperfekt ist ein Mittel, um ein vergangenes Geschehen oder einen in der Vergangenheit liegenden Zustand in seinem Verlauf darzustellen:

> Ich *besuchte* ihn, als er wieder zu Hause war.

239 Das Plusquamperfekt charakterisiert ein Geschehen als in der Vergangenheit abgeschlossen. Es wird sehr oft in Verbindung mit dem Präteritum/Imperfekt gebraucht. Das Plusquamperfekt drückt dann die Vorzeitigkeit eines Geschehens gegenüber einem anderen aus:

> Nachdem wir uns zwanzig Minuten *ausgeruht hatten*, setzten wir die Wanderung fort.

3.6.3.4. Futur I

240 Das Futur I verwenden wir vor allem dann,
- wenn wir etwas Zukünftiges, noch Bevorstehendes ankündigen:

> Am Mittwoch *wird* ein Elternabend *stattfinden*. Schüler unserer Klasse *werden* ihn mit einer musikalischen Darbietung *einleiten*.

- wenn wir eine Vermutung über gegenwärtiges oder zukünftiges Geschehen ausdrücken:

> („Wo ist denn Ulrich?") – „Er *wird* beim Handballtraining *sein*." – Du *wirst* sicher hungrig *sein*. – Du *wirst* für das Kleid drei Meter Stoff *brauchen*.

- wenn wir jemanden nachdrücklich zu etwas auffordern:

> Du *wirst dich* jetzt bei Frau Müller *entschuldigen*!

3.6.3.5. Futur II

241 Das Futur II wird verhältnismäßig selten gebraucht. Es dient dazu,
- eine Vermutung über ein vergangenes Geschehen auszudrücken:

> (Fritz ist ganz braun.) Er *wird* den Urlaub am Meer *verlebt haben*.
> Der Zug *wird* jetzt Aachen schon *passiert haben*.

- ein erst in der Zukunft vollendetes Geschehen darzustellen:

> Bis Freitag *werde* ich den Hausaufsatz *geschrieben haben*. – In vierzehn Tagen *wird* der Lehrer alle Aufsätze *korrigiert haben*.

3.6.4. Zur Bildung und Verwendung der Modi des Verbs

242 Wir unterscheiden in der deutschen Sprache drei Modi (Aussageweisen) des Verbs: Indikativ, Konjunktiv, Imperativ.

243 Mit Hilfe der Modi bringt der Sprecher oder Schreiber zum Ausdruck, ob das Dargestellte als wirklich oder nichtwirklich, möglich oder unmöglich, als gewiß, vermutet oder bezweifelt, gefordert oder gewünscht gelten soll.

- Der Indikativ ist die allgemeine Grundform sprachlicher Äußerungen, in der ein Geschehen oder Zustand als gegeben dargestellt wird.
- Der Konjunktiv drückt aus, daß das sprachlich Dargestellte nur vorgestellt oder nicht erwiesen ist.
- Der Imperativ dient dem Ausdruck von Aufforderungen.

3.6.4.1. Zur Bildung der Formen des Konjunktivs

Konjugation im Konjunktiv I (Konj. Präsens) und im Konjunktiv II (Konj. Präteritum)

| Pers. | Konjunktiv I | | Konjunktiv II | |
			schwach	stark
ich	bleibe	trage	lernte	bliebe	trüge
du	bleibest	tragest	lerntest	bliebest	trügest
er	bleibe	trage	lernte	bliebe	trüge
wir	bleiben	tragen	lernten	blieben	trügen
ihr	bleibet	traget	lerntet	bliebet	trüget
sie	bleiben	tragen	lernten	blieben	trügen

Von den Tabellen läßt sich ablesen:

Bei allen Verben außer *sein* (vgl. Konjugationstabellen, S. 66) und den Modal-verben (vgl. Konjugationstabellen, S. 67 f.) lauten in der 1. Pers. Sing. sowie in der 1. und 3. Pers. Plur. die Formen des Präsens Indikativ und Konjunktiv gleich. Im Präteritum schwacher Verben lauten Indikativ und Konjunktiv in allen Personalformen gleich. **244**

Alle umlautfähigen starken Verben haben im Konjunktiv II im Unterschied zum Präteritum Indikativ Umlaut. Bei einigen Verben treten im Konjunktiv II zwei verschiedene Umlaute auf: **245**

ich stände/stünde, begönne/begänne.

Verdeutlichung durch Ersatzformen

Mitunter haben Indikativ und Konjunktiv die gleiche Form: *wir lesen, ich komme, sie lernten.* **246**
In solchen Fällen steht in indirekter Rede statt des Konjunktivs I der Konjunktiv II als sogenannter Ersatzkonjunktiv:

Der Lehrer sagte, die Schüler *kämen* zu spät, wenn sie sich nicht *beeilten.* – Sie *müßten* laufen, damit sie den Zug nicht *verpaßten.*

247 Anstelle des Konjunktivs II wird häufig die Verbindung aus *würde* und Infinitiv (Konditional) verwendet:

> Wenn die Haifische Menschen wären, *würden* sie im Meer für die kleinen Fische gewaltige Kästen *bauen lassen* ... Sie *würden sorgen*, daß die Kästen immer frisches Wasser hätten, und sie *würden* überhaupt allerhand sanitäre Maßnahmen *treffen*. Wenn zum Beispiel ein Fischlein sich die Flosse *verletzen würde*, dann *würde* ihm sogleich ein Verband *gemacht*, damit es den Haifischen nicht wegstürbe vor der Zeit. (B. Brecht)

3.6.4.2. Zur Bedeutung und zum Gebrauch der Konjunktivformen

248 Der Konjunktiv dient vor allem zum Ausdruck von etwas Vorgestelltem, von Wünschen und Aufrufen sowie zur Kennzeichnung der indirekten Rede.
Konjunktiv I und Konjunktiv II sind in erster Linie modal und nicht temporal bestimmt. Entscheidend ist, wie der Gültigkeitsbereich einer Äußerung – bezogen auf ihren Wirklichkeitsgehalt – gekennzeichnet werden soll. Unter Konjunktiv I wird in der Schulgrammatik vor allem der Konjunktiv Präsens, unter Konjunktiv II der Konjunktiv Präteritum/Imperfekt gefaßt.

249 Der Konjunktiv steht insbesondere in Sätzen folgender Art:
- in der indirekten (nichtwörtlichen) Rede;
- in selbständigen Sätzen zum Ausdruck eines Wunsches oder einer Empfehlung;
- in einfachen und zusammengesetzten Sätzen, die ein vorgestelltes, vor allem ein bedingtes, aber nicht wirkliches Geschehen darstellen;
- in irrealen Vergleichssätzen, Konsekutivsätzen und Finalsätzen.

Der Konjunktiv in der indirekten Rede

250 Die indirekte Rede ist die nichtwörtliche Wiedergabe fremder oder früherer eigener sprachlicher Äußerungen oder Gedanken.

251 Die indirekte Rede wird durch sprachliche Mittel unterschiedlicher Art charakterisiert, die teilweise allein, teilweise gemeinsam auftreten. Zu ihnen gehören:
- redeeinführende Verben oder Substantive:

  sagen, feststellen, behaupten, berichten, erzählen, bestätigen, fragen, entgegnen, erwidern, antworten, erläutern;
  die Ansicht vertreten, die Meinung äußern, die Nachricht erhalten.

- die Änderung des Personalpronomens bei der Umformung direkter (wörtlicher) Rede in indirekte (nichtwörtliche) Rede (Pronominalverschiebung):

  Direkte Rede: Rolf rief: „Irene, komm bitte einmal zu *mir*! *Ich* habe hier eine Schlange gefunden."
  Indirekte Rede: Rolf rief, Irene solle einmal zu *ihm* kommen. *Er* habe dort eine Schlange gefunden.

- die Form des eingeleiteten oder uneingeleiteten Nebensatzes/Gliedsatzes:

  Eingeleiteter Nebensatz:

  Jens fragte, *ob Inge krank sei.* Inges Bruder Andreas antwortete, *daß sich Inge heute unwohl fühle* (, aber Montag wieder zur Schule kommen werde).

  Einleitewörter sind also die Konjunktionen *ob* und *daß*.

Uneingeleiteter Nebensatz:

Andreas antwortete, *Inge fühle sich unwohl,* aber Montag werde sie wieder zur Schule kommen.

● der Konjunktiv I:

Onkel Paul schrieb uns, er *werde* im Urlaub zu uns *kommen.* Wenn es uns recht *sei, werde* er eine Woche bei uns *bleiben.* Er *freue* sich sehr auf das Wiedersehen mit mir und meinen Eltern.

Mit dem Konjunktiv I bringt der Berichtende zum Ausdruck,
– daß er nicht eigene Gedanken, Erfahrungen oder Erlebnisse darlegt und
– daß er sich für die Richtigkeit dessen, was er wiedergibt, nicht verbürgen kann.

In indirekter Rede steht statt des Konjunktivs I der Konjunktiv II, 252
● wenn der Konjunktiv I mit dem Indikativ gleichlautet:

Die Großeltern schrieben, sie *kämen* (statt *kommen*) Sonntag zu Besuch. Sie *hätten* (statt *haben*) uns schon so lange nicht mehr gesehen. Sie *blieben* (statt *bleiben*) drei Tage (oder: Sie *würden* drei Tage *bleiben*).

● wenn der Berichtende den Inhalt der wiedergegebenen sprachlichen Äußerung anzweifelt oder ablehnt:

Jörg behauptet, er *hätte* (statt *habe*) den ganzen Nachmittag *gelernt.* (Aber das kann nicht stimmen, denn ich habe ihn im Kino gesehen.)
Peter sagte, er *wäre* Augenzeuge des Unfalls *gewesen.*

In der indirekten Rede steht zuweilen auch der Indikativ. Das ist zum Beispiel der 253
Fall, wenn der Berichtende mit der mitgeteilten Auffassung voll übereinstimmt:

Im Grundgesetz ist festgelegt, daß jeder das Recht auf freie Entfaltung seiner Persönlichkeit *hat.*

Wo eine solche persönliche Stellungnahme ungerechtfertigt ist, z. B. im Protokoll, muß der Konjunktiv I (oder der Ersatzkonjunktiv) konsequent verwendet werden.

Im mündlichen Sprachgebrauch findet man oft Indikativ und Konjunktiv II auch 254
in solchen Fällen, in denen in geschriebener Sprache der Konjunktiv I verwendet wird.

Er sagte, er *bleibt/bliebe* drei Tage (statt: er *bleibe* drei Tage).

Konjunktiv I in selbständigen Aufforderungs- und Wunschsätzen

Der Konjunktiv I steht in der 3. Person in selbständigen Sätzen auch zum Aus- 255
druck von Losungen, Aufrufen und Wünschen:

Möge nie wieder ein Krieg unser Land verwüsten! – Allen Helfern *sei* Dank!

Konjunktiv II zum Ausdruck von Vorgestelltem

Der Konjunktiv II zeigt vor allem an, daß sich der Sprecher oder Schreiber etwas 256
nur vorstellt, daß etwas nicht wirklich ist. Dies geschieht sowohl in Satzgefügen mit Konditionalsätzen (Adverbialsätzen der Bedingung) als auch in einfachen Sätzen (irreale Modalität):

Wenn du gründlicher *nachdächtest, fiele* dir sicher eine bessere Lösung ein. – *Hättest* du besser aufgepaßt, *könntest* du die Aufgaben allein lösen.
Bei stärkerer Konzentration *wäre* dir dieser Fehler nicht unterlaufen. – Ohne dich *hätte* ich das nicht geschafft.

Weitere syntaktische Konstruktionen mit Konjunktiv

257 Nach den unterordnenden Konjunktionen *als, als ob, als wenn, wie wenn* steht in Komparativsätzen (Nebensätzen des Vergleichs) der Konjunktiv I oder Konjunktiv II, wenn das zum Vergleich herangezogene Geschehen als nichtwirklich charakterisiert werden soll:

Simone tut so, *als ob* sie uns nicht *sähe/als wenn* sie uns nicht *sähe/als sähe* sie uns nicht.
Mir ist (so), als *wäre/sei* ich diesem Manne schon einmal begegnet.
Paul aß, *als ob* er drei Tage gehungert *hätte.* (Er aß wie einer, der drei Tage gehungert hat.)

258 Der Konjunktiv II wird auch in einigen festen Wendungen gebraucht, in denen eine Feststellung über vollzogenes Geschehen getroffen wird:

Das *hätten* wir geschafft. – Das *wäre* nun erledigt. – Da *wären* wir.

259 Der Konjunktiv II steht nach der Konjunktion *als daß* zum Ausdruck einer möglichen, aber nicht eingetretenen Folge:

Die Zeit war zu kurz, *als daß* ich meinen Besuch noch *hätte ankündigen können.*

3.6.4.3. Der Imperativ

260 Der Imperativ (die Befehlsform) ist die knappste Form des Verbs zum Ausdruck von Aufforderungen (Bitten, Ratschlägen, Empfehlungen, Appellen, Aufrufen, Weisungen, Verboten).
Da sich der Sprecher mit dem Imperativ immer an einen Partner wendet, den er zum Handeln veranlassen will, tritt dieser Modus nur in der 2. Pers. Singular und Plural und in der Höflichkeitsform auf.
- Singular: *Schreib* alles *auf*! – *Lerne* das Gedicht! – *Bleib* hier!
- Plural: *Schreibt* alles *auf*! – *Lernt* das Gedicht! – *Bleibt* hier!
- Höflichkeitsform: *Schreiben Sie,* was ich sage! – *Lernen Sie* bitte das Gedicht auswendig!

261 Außer dem Imperativ können auch andere sprachliche Mittel dazu dienen, eine Aufforderung mit unterschiedlichem Nachdruck zu äußern:
- Präsens Ind.: *Sandra schreibt* jetzt *auf,* welche Vögel bei uns überwintern! – *Du bleibst* hier!
- Futur I Ind.: Sandra, *du wirst* die Sätze an die Tafel *schreiben*!
- Infinitiv: Ordentlich *schreiben*! – Gerade *sitzen*! – Gut *aufpassen*!
- Partizip II: *Aufgepaßt*! – *Stillgestanden*!
- bestimmte Substantive, Adjektive, Adverbien: *Achtung! – Vorsicht! – Ruhe! Still! – Deutlicher! – Vorwärts! – Zurück! – Alles hierher!*

3.6.5. Die Bildung und der Gebrauch des Passivs

3.6.5.1. Die Bildung der Passivformen

Die Tempusformen vieler Verben treten in zwei Arten auf, die man als Aktiv und **262** Passiv bezeichnet:
- Aktiv: Der Schlosser *repariert* die Maschine.
- Passiv: Die Maschine *wird repariert.*

Das Passiv wird aus den Konjugationsformen des Hilfsverbs *werden* und aus dem **263** Partizip II eines anderen Verbs gebildet.
Alle Passivformen sind zusammengesetzte Verbformen:

Präsens:	das Fenster *wird geöffnet*
Präteritum/Imperfekt:	das Fenster *wurde geöffnet*
Perfekt:	das Fenster *ist geöffnet worden*
Plusquamperfekt:	das Fenster *war geöffnet worden*
Futur I:	das Fenster *wird geöffnet werden*
Futur II:	das Fenster *wird geöffnet worden sein*

Das Präsens des Passivs (*werden* + Partizip II) darf man nicht mit dem Futur I des **264** Aktivs (*werden* + Infinitiv) verwechseln.
Im Aktiv steht bei transitiven Verben ein Akkusativ, im Passiv nicht.
- Futur I Aktiv: Mein Vater *wird* mich morgen vom Bahnhof *abholen.*
- Präsens Passiv: Ich *werde* morgen von meinem Vater vom Bahnhof *abgeholt.*

3.6.5.2. Der Gebrauch des Passivs

Mit den Konjugationsformen im Aktiv läßt sich mit transitiven Verben eine **265** Handlung ausdrücken. Dann bezeichnet im Aktiv das Subjekt des Satzes den Handelnden, den Urheber der Handlung. Mit den Verbformen im Passiv wird dagegen ausgedrückt, was getan wird, wobei weggelassen werden kann, wer es tut:

Unsere Klasse *gestaltet* einen Elternabend. (Aktiv)
Ein Elternabend *wird gestaltet.* (Passiv)

Im Passiv bezeichnet das Subjekt des Satzes in der Regel die Person oder den **266** Gegenstand, auf den das Geschehen (die Handlung) gerichtet ist:

Dresden wurde im zweiten Weltkrieg stark zerstört. *Viele Bauwerke* sind inzwischen restauriert worden.

Im Passiv kann die Angabe des Handelnden durch die Präposition *von* (mit Dativ) **267** oder *durch* (mit Akkusativ) ergänzt werden:

Lutz wurde für sein umsichtiges Verhalten *von unserem Schulleiter* gelobt. – Seeleute, die auf hoher See ins Wasser stürzten, sollen *durch Delphine/von Delphinen* gerettet worden sein.

Es gibt auch Passivkonstruktionen ohne Subjekt (subjektloses Passiv): **268**

Hier darf nicht geraucht werden. – Jetzt wird aufgepaßt und nicht gestört! – Gestern wurde noch lange ausgiebig gefeiert.

269 Außer Aktiv und Passiv beschreiben viele Grammatiken noch ein sogenanntes Zustandspassiv.

- Das Zustandspassiv wird meist von transitiven Verben aus dem Partizip II und einer konjugierten Form von *sein* gebildet:

  Die Fenster *waren* weit *geöffnet.* – Die Aufgabe *ist* richtig *gelöst.*

- Auch von einigen intransitiven Verben (Verben ohne Akkusativobjekt) kann das Zustandspassiv gebildet werden:

  Damit *ist* mir nicht *geholfen.*

- Das Zustandspassiv dient zur Darstellung von Zuständen, die das Ergebnis oder die Folge einer vorausgegangenen Tätigkeit sind. Es ist aber auch möglich, das Partizip II als nähere Bestimmung des Verbs *sein* zu betrachten.

3.6.6. Zum Gebrauch der infiniten Formen des Verbs

3.6.6.1. Der Gebrauch des Infinitivs

270 Der Infinitiv ohne *zu* steht in Verbindung mit finiten Formen von *werden* im Futur I (wir *werden kommen*), im Futur II (wir *werden gekommen sein*) und bei den Modalverben (er *will, soll, kann, möchte schreiben*; er *darf studieren,* du *mußt gehen*).

271 Der erweiterte oder nichterweiterte Infinitiv mit *zu* steht bei zahlreichen Verben als nähere Bestimmung (↑ Z 36).

Einfacher Infinitiv mit *zu*	Erweiterter Infinitiv mit *zu*
Der Autofahrer nahm sich vor *zu fragen.* Er bat mich *zu warten.*	Der Autofahrer nahm sich vor, *einen Passanten zu fragen.* An der Tür bat er mich, *auf seine Rückkehr zu warten.*

Beachte: Bei den Verben *helfen, lernen, lehren* kann der Infinitiv mit oder ohne *zu* stehen: Anke hilft mir *aufräumen/aufzuräumen.*

272 Infinitive mit *um zu, ohne zu, anstatt zu* sind Adverbialbestimmungen/Adverbiale und gelten immer als erweiterte Infinitive (also mit Komma):

Er fährt ans Mittelmeer, *um zu baden* und *sich zu erholen.* – Er löste die Gleichung, *ohne den Taschenrechner zu benutzen.* – *Anstatt zu studieren,* wurde mein Bruder Bankkaufmann.

273 Der Infinitiv mit oder ohne *zu* kann auch als Subjekt des Satzes vorkommen. (Dann steht kein Komma.)

Sich zu beherrschen fiel ihm zuweilen schwer. – *Regelmäßig fleißig lernen und üben* führt zum Erfolg.

Der Infinitiv mit *zu* kann auch nähere Bestimmung eines Substantivs (Attribut) sein: 274

die Absicht, *Lehrerin zu werden;* sein Wunsch, *den Freund wiederzusehen;* die Fähigkeit, *eine Diskussion zu leiten.*

Infinitive können Substantive werden: 275

das *Vorhaben,* beim *Essen,* deutliches *Sprechen,* sein *Nachdenken.*

Der Infinitiv ist dann durch den Artikel, eine Präposition oder durch Attribute als Substantiv gekennzeichnet.

3.6.6.2. Der Gebrauch der Partizipien

Partizip I und Partizip II können als nähere Bestimmungen (Attribute) zu Sub-stantiven treten: 276

das *treffende* Wort, die *bleibende* Erinnerung (Partizip I); die *geplante* Reise; das *beliebte* Ausflugs-ziel, die *versprochene* Hilfe (Partizip II).

Solche attributiv verwendeten Partizipien können zu Wortgruppen erweitert werden: 277

das *die Sache genau treffende* Wort, die *von den Eltern für den Sommer geplante* Reise.

Partizip I aller Verben sowie Partizip II intransitiver (kein Akkusativobjekt for-dernden) Verben haben aktivische Bedeutung: 278

der *fahrende* Zug = *der Zug fährt;* die *frisch eingetroffene* Ware = *die Ware ist frisch eingetroffen.*

Das Partizip II von transitiven (ein Akkusativobjekt fordernden) Verben hat passivische Bedeutung: 279

die *versprochene* Hilfe = *die Hilfe ist versprochen worden.*

Das Partizip II dient zur Bildung der zusammengesetzten Tempusformen Perfekt, Plusquamperfekt und Futur II im Aktiv: 280

er hat zugesagt (Perfekt), *er hatte gerufen* (Plusquamperfekt), *er wird gelaufen sein* (Futur II).

Das Partizip II dient zur Bildung der Passivformen: 281

er wurde gelobt (Präteritum/Imperfekt), *es ist verkündet worden* (Perfekt).

Die Partizipien können auch als nähere Bestimmungen von Verben gebraucht werden: 282

Klaus hat sich *treffend* ausgedrückt. (Partizip I)
Du sollst stets *besonnen* handeln! (Partizip II)

Das erweiterte Partizip wird vom übrigen Satz durch Komma(s) abgegrenzt: 283

Von den Schülern unserer Klasse sehnsüchtig erwartet, trafen die Freunde aus Kiel ein. – Die Mutter, *liebe Gäste erwartend,* bereitet die festliche Mahlzeit vor.

284 Viele Partizipien können ebenso wie Adjektive kompariert werden:

einer der *bedeutendsten/hervorragendsten* Dichter, der *befähigtste* Mitarbeiter, der *entschiedenste* Widerstand (↑ Z 195).

285 Partizip II wird auch zu Aufforderungen genutzt (↑ Z 261).

286 Partizipien können Substantive werden:

das Bleibende, das Überraschende, der Vorsitzende; das Gelernte, der Angestellte, die Hinterbliebenen.

3.7. Das Adverb

3.7.1. Merkmale des Adverbs

287 Adverbien sind unveränderliche Wörter, die die näheren Umstände eines Geschehens oder Zustandes bezeichnen (insbesondere Ort, Zeit, Art und Weise, Grund und Folge, Bedingung und Einräumung):

dort, drüben, einst, bald, so, darum, infolgedessen, andernfalls, trotzdem.

288 Adverbien werden im Satz als nähere Bestimmungen des Verbs und des Substantivs verwendet.
- Adverbien beim Verb: *Dort* bin ich immer gern eingekehrt.
- Adverbien beim Substantiv: das Haus *dort*, das Denkmal *links*.

289 Von manchen Adverbien lassen sich Adjektive ableiten, die nur als Attribute verwendet werden:

bald – seine *baldige* Rückkehr; links – die *linke* Tür; hier – die *hiesigen* Dienststellen; morgen – die *morgige* Wanderung; gestern – der *gestrige* Abend.

Die angeführten Beispiele zeigen wichtige Unterschiede zwischen Adjektiven und Adverbien: Die Adjektive werden dem Substantiv vorangestellt und dekliniert. Wenn Adverbien bei Substantiven stehen, werden sie diesen nachgestellt und bleiben unverändert:

die Auseinandersetzung *gestern* (Adverb) – die *gestrige* Auseinandersetzung (Adjektiv).

3.7.2. Die Einteilung der Adverbien nach ihrer Bedeutung

290 Nach der Art des Umstandes, den ein Adverb bezeichnet, kann es einer der folgenden Bedeutungsgruppen zugeordnet werden:
- Temporaladverbien, die auf die Frage *wann?* antworten, geben einen bestimmten Zeitpunkt oder Zeitabschnitt an:

heute, übermorgen, vorgestern, jetzt, damals, neulich, vor kurzem, einst.

- Temporaladverbien, die auf die Frage *wie lange?* antworten, bezeichnen eine zeitliche Dauer:

  zeitlebens, jahrelang, allezeit.

- Temporaladverbien, die auf die Frage *wie oft?* antworten, bezeichnen ein wiederholtes Geschehen:

  bisweilen, manchmal, oft, ab und zu.

- Lokaladverbien, die auf die Frage *wo?* antworten, bezeichnen Ort oder Lage:

  drinnen, draußen, oben, unten, vorn, hinten, überall.

- Lokaladverbien, die auf die Frage *woher?* antworten, bezeichnen die Herkunft:

  dorther, irgendwoher, überallher.

- Lokaladverbien, die auf die Frage *wohin?* antworten, bezeichnen Ziel und Richtung:

  hierhin, dahin, hinaus, hinüber, bergauf, bergab, aufwärts, abwärts, fort, weg, irgendwohin, überallhin.

- Modaladverbien (Adverbien der Art und Weise) antworten auf die Fragen *wie?, auf welche Art und Weise?, wodurch?*:

  gern, so, anders, derart, dergestalt, dadurch.

- Kausaladverbien bezeichnen Grund-Folge-Beziehungen zwischen Sachverhalten.

  – Adverbien des Grundes im engeren Sinne antworten auf die Fragen *warum?, weshalb?, weswegen?, wieso?*:

  deshalb, krankheitshalber, interessehalber, darum, daher, folglich, meinetwegen.

  – Adverbien der Bedingung antworten auf die Frage *unter welcher Bedingung?*:

  notfalls, schlimmstenfalls, erforderlichenfalls, sonst.

  – Adverbien der Einräumung antworten auf die Frage *trotz welchen Umstandes?*:

  trotzdem, dennoch, gleichwohl, des(sen)ungeachtet.

- Auch die zu den Bedeutungsgruppen angeführten Fragewörter gehören zu den Adverbien. Sie heißen Frageadverbien oder Interrogativadverbien.

Es gibt eine besondere Art von Adverbien, die durch kein Fragewort erfragt 291 werden können. Diese Wörter dienen dem Sprecher oder Schreiber dazu, den Gültigkeitsgrad einer sprachlichen Äußerung einzuschätzen:

sicherlich, wahrscheinlich, vermutlich, vielleicht, freilich, offenbar, offensichtlich.

Mit anderen Wörtern dieser Gruppe kann eine gefühlsmäßige Stellungnahme (emotionale Einschätzung) zum Ausdruck gebracht werden:

glücklicherweise, bedauerlicherweise, hoffentlich, leider, erfreulicherweise.

Diese Wörter werden auch Modalwörter genannt.

3.7.3. Zur Form der Adverbien

292 Nach der Form unterscheiden wir einfache, abgeleitete und zusammengesetzte Adverbien.

293 Einfache Adverbien lassen sich nicht weiter in Morpheme zerlegen:

so, gern, fort, weg, sonst, bald, nun, nur, noch, schon, erst.

294 Abgeleitete Adverbien enthalten außer dem Wortstamm noch ein in verschiedenen Wörtern wiederkehrendes Suffix (↗ Z 424–426):
- -s: *morgens, mittags, abends, nachts, nachmittags, montags;*
- -(e)stens: *höchstens, meistens, frühestens, spätestens;*
- -lings: *blindlings, rittlings, rücklings, jählings, meuchlings;*
- -weise: *ausnahmsweise, beispielsweise, dummerweise, teilweise;*
- -maßen: *bekanntermaßen, erwiesenermaßen, folgendermaßen;*
- -lei: *einerlei, vielerlei, derlei, solcherlei, keinerlei;*
- -wärts: *abwärts, aufwärts, heimwärts, rückwärts, südwärts.*

295 Zusammengesetzte Adverbien können aus Wörtern verschiedener Wortarten bestehen:
- Substantiv + Präposition (*treppauf, tagsüber, reihum*);
- Pronomen + Substantiv (*mancherorts, jederzeit, dergestalt*);
- Pronomen oder Adverb + Präposition (*hervor, hingegen, deswegen*).

296 Bei vielen zusammengesetzten Adverbien muß die Silbentrennung besonders beachtet werden:

dar-an, dar-in, dar-um, dar-auf, dar-über, dar-unter; wor-aus, wor-über; her-ab; hin-unter, hin-auf.

297 Adverbien, die aus Pronomen oder Adverb + Präposition bestehen, werden auch unter der Bezeichnung Pronominaladverbien zusammengefaßt. Sie können Präpositionalgruppen vertreten sowie im Hauptsatz einen Nebensatz ankündigen oder wiederaufnehmen:

Darauf (= auf dem Tisch) liegen meine Schulbücher. – *Darauf* (= auf meine Hilfe) kannst du dich verlassen. – Der Lehrer wies *darauf* hin, daß zur Versetzung noch große Anstrengungen erforderlich sind.

298 Einige Adverbien können kompariert werden. Meist handelt es sich um eine unregelmäßige Komparation:

oft, öfter(s), am häufigsten, am öftesten; bald, eher, am ehesten.

Hierher gehören auch die adverbialen Superlative mit *am*:

am größten, am schönsten, am besten.

3.8. Die Präposition

3.8.1. Merkmale der Präposition

Präpositionen kennzeichnen vor allem lokale, temporale, modale und kausale 299
Beziehungen zwischen verschiedenen Erscheinungen der Wirklichkeit.

Präpositionen sind unveränderlich (unflektierbar). Sie stehen innerhalb von 300
Wortgruppen und kennzeichnen diese als nähere Bestimmungen von Verben oder
Substantiven.

Präpositionen können mit dem bestimmten Artikel zu einer Wortform ver- 301
schmelzen:

> beim Fußballspiel (= bei dem Fußballspiel), vom Vater (= von dem Vater), ans Fenster (= an das
> Fenster), aufs Dach, hinterm Baum, unterm Dach, zur Küche.

- Nicht alle in der gesprochenen Sprache verwendeten Verschmelzungen sind
  hochsprachlich (literatursprachlich). Hochsprachlich sind im allgemeinen:

  > ans, ins, am, beim, im, vom, zum, zur;
  > mit Einschränkungen: aufs, fürs, ums.

- Am häufigsten findet sich die Verschmelzung von Präposition und Artikel in
  festen Verbindungen und in Redewendungen:

  > fürs erste; am Ende; übers Herz bringen; aufs Äußerste gefaßt sein; aufs äußerste (sehr) er-
  > schrecken.

Nach Präpositionen müssen Substantive und Pronomen in einem bestimmten 302
Kasus (Fall) stehen, und zwar im Akkusativ, Dativ oder Genitiv. Demzufolge
spricht man von der Kasusforderung oder der Rektion der Präpositionen.

3.8.2. Zur Rektion der Präpositionen

Präpositionen, die den gleichen Kasus fordern, werden jeweils in einer Gruppe 303
zusammengefaßt.

- Präpositionen mit dem Akkusativ:

  > durch, für, ohne, um, gegen, wider
  > fordern stets den Akkusativ:
  > durch die Tür, für den Freund, ohne mich, um das Gebäude.

- Präpositionen mit dem Dativ:

  > mit, nach, nächst, nebst, samt, bei, seit, von, zu, zuwider, entgegen, gegenüber, außer, aus
  > regieren immer den Dativ:
  > nach dem Essen, von den Eltern, gegenüber der Schule, mit mir

- Präpositionen mit Dativ und Akkusativ:

  > an, auf, hinter, neben, in, über, unter, vor, zwischen
  > stehen mit dem Akkusativ auf die Frage *wohin?* (wenn das Geschehen zielgerichtet ist),
  > mit dem Dativ auf die Frage *wo?* (wenn es sich um nichtzielgerichtetes Geschehen handelt):
  > Er tritt vor die Tür. Er steht vor der Tür. – Er klettert auf den Baum. Er sitzt auf dem Baum. –
  > Wir fahren an die Ostsee. Wir verleben die Ferien an der Ostsee.

- Präpositionen mit dem Genitiv:

unweit, mittels, kraft, während, laut, vermöge, ungeachtet, oberhalb, unterhalb, innerhalb, außerhalb, diesseits, jenseits, halber, wegen, (an)statt, längs, zufolge, trotz, abseits, angesichts, anhand, anläßlich, anstelle, aufgrund, hinsichtlich, infolge, mangels, um ... willen, zeit stehen mit dem Genitiv:
während des Urlaubs, trotz des Verbots, anläßlich des Feiertages.

Bei *längs, zufolge, trotz* wird auch der Dativ gebraucht.

304 Man sollte es vermeiden, zwei Präpositionen, von denen jede ein anderes Substantiv regiert, unmittelbar nebeneinanderzustellen. Diese Fügungen sind oft schwer verständlich.

Nicht:
Sie wurde für im vergangenen Jahr gezeigte schauspielerische Leistungen ausgezeichnet.
Sondern:
Sie wurde für die im vergangenen Jahr gezeigten schauspielerischen Leistungen ausgezeichnet.
Oder:
Sie wurde für die schauspielerischen Leistungen ausgezeichnet, die sie im vergangenen Jahr gezeigt hatte.

305 Mehrere Präpositionen können nur dann vor einem Substantiv stehen,
- wenn sie den gleichen Kasus regieren:

Er suchte den Bohrer auf und unter der Werkbank vergeblich.

- wenn das Substantiv im Dativ und im Akkusativ die gleiche Form hat:

mit und ohne Geld.

306 Wird das Substantiv im Dativ und im Akkusativ unterschiedlich dekliniert, dann muß
- das Substantiv wiederholt bzw. einmal durch das entsprechende Pronomen ersetzt werden:

mit Büchern oder ohne Bücher,
mit Kindern oder ohne sie;

- das Substantiv in den Fall gesetzt werden, den diejenige Präposition verlangt, die dem Substantiv zunächst steht:

mit oder ohne Bücher,
ohne oder mit Büchern.

3.8.3. Zur Stellung der Präpositionen

307 Die meisten Präpositionen werden dem Wort (Substantiv, Pronomen, Adjektiv oder Adverb), mit dem sie gemeinsam eine präpositionale Wortgruppe bilden, vorangestellt.

308 Nur einige Präpositionen werden ihrem Bezugswort immer nachgestellt:

der Gäste *halber*, dem Freund *zuliebe*, dem Gebot *zuwider*.

Einige Präpositionen können ihrem Bezugswort wahlweise vorausgehen oder folgen: **309**

> entlang, entgegen, entsprechend, gegenüber, gemäß, nach, ungeachtet, wegen, zufolge;
> nach meiner Meinung/meiner Meinung nach; wegen Krankheit/der Krankheit wegen; entsprechend der Weisung/der Weisung entsprechend.

Es gibt auch einige zweiteilige Präpositionen, die ihr Bezugswort umrahmen: **310**

> um (des Erfolgs) willen, von (klein) auf, von (dieser Stunde) an, von (Rechts) wegen.

3.8.4. Zur Bedeutung und zur Verwendung der Präpositionen

Verben, verbale Wortgruppen, Adjektive und Substantive können eine ganz bestimmte Präposition nach sich fordern: **311**

> achten auf, sich kümmern um, sorgen für, Einfluß nehmen auf, Anstoß nehmen an; stolz sein auf, glücklich sein über, zufrieden sein mit, böse sein auf; Angst vor, Hoffnung auf, Mißtrauen gegen, Voraussetzung für.

Solche festen Verbindungen mit einer bestimmten Präposition müssen sicher eingeprägt werden.

Es gibt präpositionale Wortgruppen, **312**

- die Beziehungen des Ortes oder der Richtung ausdrücken:

> abseits der Hauptstraße, außerhalb der Stadt, die Straße von Dresden nach Meißen, den Fluß entlang, hinter der Kirche;

- die einen Zeitpunkt oder einen Zeitabschnitt, seinen Anfang oder sein Ende, eine genaue oder unbestimmte Zeit bezeichnen:

> ab Mittag, am Vormittag, binnen drei Tagen, bis morgen, gegen Abend, innerhalb einer Stunde, mit dem Glockenschlag, seit einem Jahr, während der Pause, zeit seines Lebens, zwischen 1976 und 1980, um drei Uhr;

- die den Grund oder die Ursache für ein Geschehen nennen:

> angesichts der Gefahr, anläßlich des Jubiläums, aus Sorge, aufgrund/auf Grund der Anzeige, dank seiner Hilfsbereitschaft, durch Fahrlässigkeit, mangels Beweisen, infolge des Erdbebens, kraft einer Vollmacht, vor Angst, wegen eines Arzttermins;

- die den Zweck oder die Absicht kennzeichnen:

> für seine Sicherheit, zu seinem Vorteil, seinen Eltern zuliebe;

- die eine Bedingung oder Voraussetzung kennzeichnen:

> bei Beschwerden, auf Verlangen, unter Schmerzen, im Falle eines Alarms;

- die eine Einräumung ausdrücken:

> entgegen meiner Warnung, trotz regnerischen Wetters, ungeachtet der Gefahr, dem Verbot der Eltern zum Trotz;

- die ein Mittel (Instrument, Verfahren oder Methode) kennzeichnen:

> anhand/an Hand der Karte, durch Eilboten, mit der Hand, mit Hilfe eines Drahtes, mittels eines Tropfens Öl, ohne Lineal;

- die ein Maß oder einen bestimmten Grad anzeigen:

  auf vierzig Grad, Kinder bis zu/über/unter zehn Jahren;

- die einen begleitenden oder fehlenden Umstand charakterisieren:

  in seiner Begleitung, mit deiner Zustimmung, ohne Ausweis, statt des Fahrrads;

- die auf eine Bezugsbasis oder eine Informationsquelle verweisen:

  gemäß seinem Wunsch/seinem Wunsch gemäß, entsprechend den Anforderungen/den Anforderungen entsprechend, laut ärztlichem Gutachten, nach einer Meldung von dpa.

313 In Sätzen mit Passivfügungen (↑ Z 267) kennzeichnen die Präpositionen *von, durch, seitens* die Angabe des Urhebers der Handlung:

   Christian wurde *vom Lehrer* etwas gefragt. – Die Stadt wurde 1944 *durch einen Luftangriff* zerstört. – *Seitens der Verteidigung* werden gegen das Urteil keine Einwände erhoben.

314 Einige Präpositionen können unterschiedliche gedankliche Beziehungen zum Ausdruck bringen:

   vor: vor dem Fenster (Ort), *vor dem Essen* (Zeit), *vor Angst* (Grund);
   auf: auf der Wiese (Ort), *auf Umwegen* (Art und Weise), *auf Grund vieler Beweise* (Grund).

315 In vielen Fällen werden bestimmte Präpositionen von Verben, Adjektiven und Substantiven „regiert" und an diese gebunden (↑ Z 311).

3.9. Die Konjunktion

3.9.1. Merkmale der Konjunktion

316 Konjunktionen verbinden oder fügen Wörter, Wortgruppen oder Teilsätze aneinander und kennzeichnen Bedeutungsbeziehungen zwischen ihnen.

317 Konjunktionen sind unveränderlich (nicht flektierbar).

318 Im Unterschied zu Präpositionen regieren Konjunktionen keinen Kasus (Fall) von Substantiven.

3.9.2. Nebenordnende und unterordnende Konjunktionen

319 Nach ihrem Einfluß auf den Satzbau werden nebenordnende (koordinierende) und unterordnende (subordinierende) Konjunktionen unterschieden.

320 Nebenordnende Konjunktionen verbinden gleichwertige (gleichrangige) sprachliche Einheiten miteinander (selbständige Sätze, Nebensätze/Gliedsätze, Wortgruppen oder einzelne Wörter) (↑ Z 67).
   - Selbständige Sätze:

     Mein Bruder ist Matrose, und meine Schwester studiert Medizin.

- Nebensätze/Gliedsätze:

   (Der Lehrer erwartet), *daß alle Schüler gut vorbereitet sind* <u>*und*</u> *daß sie im Unterricht rege mit-arbeiten.*

- Wortgruppen:

   Mein Vater <u>und</u> mein Onkel arbeiten in einem Verlag.

- Einzelwörter:

   Lehrer <u>und</u> Schüler bereiteten die Schulfeier gemeinsam vor.

Nebenordnende Konjunktionen sind: 321

   aber, denn, doch, jedoch, oder, und, sondern.

Folgende nebenordnende Konjunktionen sind zweiteilig:

   entweder − oder, weder − noch, nicht − sondern, nicht nur − sondern auch, sowohl − als auch (wie auch).

Unterordnende Konjunktionen leiten Nebensätze ein. Sie treten deshalb im Satz- 322
gefüge auf. Ein Nebensatz, der mit einer unterordnenden Konjunktion beginnt,
endet mit der finiten Verbform und ist ein Konjunktionalsatz (↑ Z 65):

   Klaus freute sich, <u>*daß er im Weitsprung den 2. Platz errreichen konnte.*</u>

Unterordnende Konjunktionen können auch einen Nebensatz an einen anderen 323
Nebensatz anschließen. Wir sprechen dann von Nebensätzen 1. und Nebensätzen
2. Grades (↑ Z 65):

   Er sagte mir, <u>daß</u> er an der Veranstaltung nur dann teilnimmt,
   (Hauptsatz) (Nebensatz 1. Grades)
   <u>wenn</u> das Wetter schlecht sein sollte.
   (Nebensatz 2. Grades)

Es gibt auch zweiteilige unterordnende Konjunktionen: 324

   als daß, so daß, ohne daß, außer daß, statt daß; als ob, als wenn, wie wenn.

Auch diese stehen immer am Anfang des Nebensatzes:

   Mir ist, *als ob* ich eben ein Geräusch gehört hätte. − Plötzlich bog ein Auto um die Ecke, *so daß* Jens nicht mehr ausweichen konnte. − Er ist zu klug, *als daß* man ihn überlisten könnte.

Einem Nebensatz kann im Hauptsatz ein hinweisendes Adverb − Korrelat oder 325
Deutewort genannt − vorausgehen oder nachfolgen. Solche Deutewörter stehen
immer außerhalb des Nebensatzes:

   Dadurch, daß du täglich Sport treibst, erhältst du deinen Körper gesund. − *Darauf,* daß du morgen schon abreisen mußt, waren wir nicht vorbereitet. − Er stolperte *so* unglücklich, daß er sich den Fuß verrenkte. − Wenn du schon zu spät kommst, *dann* solltest du dich wenigstens entschuldigen.

3.9.3. Abgrenzung der Konjunktion von Adverb und Präposition

Ebenso wie nebenordnende Konjunktionen können auch bestimmte Pronominal- 326
adverbien Beziehungen zwischen Sätzen oder Wortgruppen ausdrücken. Aber
Adverbien sind nähere Bestimmungen des Verbs, Konjunktionen nicht.

327 Der Unterschied zwischen Pronominaladverb und nebenordnender Konjunktion wird an der Stellung der finiten Verbform im jeweils angeknüpften Satz oder Teilsatz deutlich:

- Dem Pronominaladverb folgt die finite Verbform unmittelbar:

  Gerhard hat regelmäßig trainiert; *deshalb/hat/* er bei den Meisterschaften Erfolgschancen.

- Der nebenordnenden Konjunktion folgt zuerst das Subjekt oder ein anderes Satzglied, erst danach die finite Verbform:

  Gerhard hat regelmäßig trainiert, *denn/er/möchte* eine Medaille gewinnen.
  Vor allem im Weit- und Hochsprung liegt er an der Spitze, *aber/im Hundertmeterlauf/ist* ihm Jan überlegen.

- *aber, denn, oder, und* sind nebenordnende Konjunktionen.

328 Einige unterordnende Konjunktionen und Präpositionen lauten gleich. Die Konjunktionen leiten Nebensätze ein; die Präpositionen stehen vor Substantiven oder Adverbien.

Konjunktionen	Präpositionen
(Warte), *bis* ich zurück bin!	*bis* nächsten Montag, *bis* morgen
Seit ich die 6. Klasse besuche, ...	*seit* meiner Kindheit, *seit* gestern
Während du hier wartest, ...	*während* des Unterrichts

3.9.4. Übersicht über Bedeutungsgruppen der Konjunktionen

329 In der folgenden Übersicht sind die Konjunktionen nach der Art der Beziehungen geordnet, die sie zwischen den verbundenen sprachlichen Einheiten herstellen oder hervorheben.

- In der ersten Gruppe sind Bedeutungen zusammengefaßt, die nebenordnende und unterordnende Konjunktionen anzeigen können:

Bedeutungsart	Gleichrangige Einheiten verbindend (nebenordnend)		Nebensätze einleitend (unterordnend)
	einfach	mehrteilig	
aufzählend (kopulativ)	und, sowie	sowohl – als auch	
unterscheidend (alternativ)	oder	entweder – oder	
gegensätzlich (adversativ)	aber, doch, jedoch, sondern	nicht – sondern	während
erläuternd (spezifizierend)	das heißt (d. h.), das ist (d. i.)		insofern (als), insoweit (als), damit, daß
begründend (kausal)	denn		da, weil, zumal, um so mehr/um so weniger (als)

- In den folgenden Bedeutungsgruppen gibt es n u r unterordnende Konjunktionen (Subjunktionen = Einleitewörter von Nebensätzen):

Bedeutungsart	unterordnende Konjunktionen
Gleichzeitigkeit	als, solange, sooft, während, wenn; wie (ugs.)
Vorzeitigkeit Nachzeitigkeit	als, kaum (daß), nachdem, seit(dem), sobald, sowie, wenn, bevor, bis, ehe
Absicht, Zweck Bedingung Folge Einräumung	damit, (auf) daß, um ... zu falls, wenn, sofern, außer wenn so daß, ohne daß obgleich, obschon, obwohl, wiewohl, wenn auch
Mittel, Instrument Vergleich Proportion fehlender Begleitumstand Einschränkung	indem, dadurch, daß, damit, daß (so ...) wie, (Komparativ) ... als, als ob, als wenn je – desto, je – um so, je nachdem ohne daß, ohne zu außer daß, außer wenn, nur daß, soweit
Unterordnung einer Aussage	daß (wir eine Klassenwanderung vorbereiten)
Unterordnung einer Entscheidungsfrage	ob (er den Zug schon erreicht hat)

3.10. Die Interjektion

Interjektionen sind Ausrufe- oder Empfindungswörter. Sie sind unveränderlich. **330**
Wörter, die allein stehen und isoliert gesprochen werden, haben Satzcharakter:

hallo, hoppla, bravo, juchhe; ja, nein, bitte, danke.

Diese Wörter müssen deshalb von anderen sprachlichen Ausdrücken durch Satz- **331**
zeichen (Punkt, Ausrufezeichen oder Komma) getrennt werden (↗ Z 101).

Interjektionen können verschiedene Bedeutungen ausdrücken: **332**
- Antworten auf Entscheidungsfragen: *ja, nein*;
- Bitte und Dank: *bitte, danke*;
- Gefühle der Freude, des Ekels, des Schmerzes, des Bedauerns u. a.: *heißa,
  pfui, ätsch, o weh, ach, aha, haha, bauz*;
- Laute und Geräusche: *miau, piff, paff, klipp, klapp, bum*.

Auch Substantive, Adjektive und Adverbien werden mitunter in Einwortsätzen **333**
wie Interjektionen gebraucht:

Achtung! Donnerwetter! Still! Unglaublich!

4. Wortbildung

4.1. Wesen und Grundbegriffe der Wortbildung

4.1.1. Das Wesen der Wortbildung

334 Wenn Gegenstände, z.B. Geräte, Maschinen, chemische Verbindungen, oder neue gesellschaftliche Einrichtungen entstehen, ist es notwendig, sie zu benennen. Deshalb werden ständig neue Wörter gebildet, von denen die meisten in den Wortschatz unserer Sprache eingehen.

335 Es sind vor allem zwei Gründe, die zum Entstehen vieler Wörter beitragen:
Einmal erfordert die gesellschaftliche Entwicklung Bezeichnungen für Erscheinungen, die mit ihr in Zusammenhang stehen. Hierzu gehören Wörter wie *Grundgesetz, Mehrwertsteuer, Seiteneinsteiger, Ampelkoalition, Treuhandanstalt* u. a.
Zum anderen führt die wissenschaftliche und technische Entwicklung dazu, daß viele neue Gegenstände benannt werden müssen. So entstehen Bezeichnungen wie *Tiefkühltruhe, Teppichklopfmaschine, Überschallflugzeug, Kassettenrecorder, Taschenrechner, Radiowecker* u. ä.

336 Meist werden neue Wörter nicht „erfunden", sondern man greift auf Wörter und Wortbestandteile zurück, die es bereits gibt:
- Man übernimmt Bezeichnungen für Gegenstände und Erscheinungen aus der Sprache des Landes, aus der sie kommen. Man verwendet also Fremdwörter, z.B. *Container, Computer, Software, Hardware* u. a.
- Man bildet Abkürzungen, z.B. *UKW* (aus Ultrakurzwelle), oder Kurzwörter, z.B. *Obus* (aus Oberleitungsbus).
- Man verwendet bereits vorhandene Wörter mit neuer Bedeutung.
  Beispiele dafür sind *blauäugig* und *Seilschaft.* Das Adjektiv *blauäugig* bedeutet nicht nur ‚mit blauen Augen', sondern auch ‚naiv, leichtgläubig, vertrauensselig'. *Seilschaften* sind zunächst ‚Gruppen von Bergsteigern, die bei einer Bergtour durch ein Seil verbunden sind', neuerdings auch (meist negativ bewertete) ‚Gruppen von Personen, die im politischen Bereich zusammenarbeiten'.
- Man bildet aus vorhandenen Wörtern neue, indem man sie zusammensetzt, z.B. *Flugzeugträger* (aus *Flugzeug + Träger*).

337 Unter Wortbildung verstehen wir die Verbindung (oder Kombination) vorhandener Wörter oder (und) Wortteile zu neuen Wörtern.

Die Mehrzahl der Wörter ist aus Teilen – wie aus Bausteinen – gebildet, die auch in anderen Wörtern wiederverwendet werden. So tritt zum Beispiel der Wortteil *-ig* in Wörtern auf wie *farbig, eckig, mäßig, ruhig*; den Wortstamm *hoch* enthalten Wörter wie *hochklettern, hochgradig, Hochschule, höchstens*.

4.1.2. Die Einheiten und Grundbegriffe der Wortbildung

4.1.2.1. Das Wort und das Morphem

Das Wort ist eine Grundeinheit der Wortbildung (↗ Z 112–116). Wörter und **338** Wortformen setzen sich aus noch kleineren Bausteinen zusammen, z. B. *Schreibtisch* aus *schreib + Tisch*, *Kleidung* aus *Kleid + ung*, *gehen* aus *geh + en*. Diese kleineren Einheiten nennt man Morpheme.

Wir unterscheiden verschiedene Arten von Morphemen, und zwar das Stamm- **339** morphem, das Wortbildungsmorphem und das Flexionsmorphem (↗ Z 116).

- Das Stammorphem (der Wortstamm) kann als selbständiges Wort auftreten, z. B. *Luft, Haus, Fleiß, alt, Hammer, Elefant*. Es kann aber auch Bestandteil anderer Wörter sein, z. B. das Stammorphem *Luft* in *Luftpost, Luftstreitkräfte, luftdicht, luftleer, Lüftung, lüften*.
  Das Stammorphem gibt die Sachbedeutung an, die einem Wort zugrunde liegt, z. B. *fleiß*ig – Fleiß (besitzen), un*wahr* (sein) – nicht wahr (sein), eine *Krank*heit (haben) – krank (sein).

- An die Stammorpheme können Wortbildungsmorpheme angefügt werden und mit ihnen gemeinsam neue Wörter bilden, z. B. *ver-, un-, ge-*; *-ig, -lich*; *-keit*. Diese Wortbildungsmorpheme werden auch als Affixe bezeichnet.
  Wir unterscheiden zwei Arten von Affixen:
  1. die Präfixe (↗ Z 352–355)
     stehen v o r dem Stammorphem, z. B. *ver*kaufen, *un*schön, *Ge*birge;
  2. die Suffixe (↗ Z 345–350)
     stehen n a c h dem Stammorphem, z. B. mächt*ig*, herr*lich*, Tapfer*keit*.

- Mit Hilfe von Flexionsmorphemen wird die Beugung von Verben (du geh*st*, er greif*t*), von Substantiven (die Berg*e*, die Wolk*en*), von Adjektiven (die schön*en* [Blumen], hell*er*) und von Pronomen (mein*e* [Hefte]) gekennzeichnet.

Der Begriff Morphem ist deutlich von dem Begriff S i l b e zu unterscheiden. Wäh- **340** rend das Morphem stets Träger von Bedeutungen ist, stellt die Silbe eine Einheit dar, die beim Sprechen entsteht. Die Zerlegung eines Wortes in Morpheme richtet sich nach seiner Bedeutung und seiner Bildungsweise: *Zeit/ung/en, kräft/ig, Bär/in*. Die Zerlegung eines Wortes in Silben richtet sich nach dem Sprechen: *Zei-tun-gen, kräf-tig, Bä-rin*.

4.1.2.2. Die Arten der Wortbildung: Zusammensetzung und Ableitung

Die Zusammensetzung

341 Unter einer Zusammensetzung verstehen wir die Verbindung von zwei oder mehr Wörtern zu einem neuen Wort, z.B. *über/setzen, unter/legen; Laub/baum, Nadel/baum; laut/stark, dunkel/grün.*
Zusammensetzungen bestehen aus Grundwort und Bestimmungswort.

342 Das zweite oder letzte Glied der Zusammensetzung ist das Grundwort.
- Das Grundwort gibt die grundlegende, bestimmende Bedeutungskomponente an: fern*sehen*, schwarz*sehen*, hinab*sehen*; Linden*blatt*, Kastanien*blatt*; hell*grün*, dunkel*grün*, gras*grün*.
- Das Grundwort gibt stets die Wortart der Zusammensetzung an: hoch*steigen*, (Verb); Hoch*haus* (Substantiv); haus*hoch* (Adjektiv).
- Bei Substantiven richtet sich das Geschlecht der Zusammensetzung nach dem Grundwort: *das* Eichen*blatt*, *der* Eichen*baum*, *die* Eichen*rinde*.

343 Das Bestimmungswort geht dem Grundwort voraus.
Das Bestimmungswort bestimmt das Grundwort näher: das *Hoch*haus, die *Rechen*aufgabe, das *Ahorn*blatt; *fern*sehen, *her*kommen, *weg*treten; *dunkel*blau, *pfeil*schnell, *regen*naß.
- Die Hauptbetonung des zusammengesetzten Wortes liegt meist auf der ersten Silbe: *Nạdelbaum, fẹsthalten, dụnkelblau.*
- Die Zusammensetzung wird in unserer Sprache sehr oft verwendet, weil sie weniger sprachlichen Aufwand kostet als die entsprechende Wortgruppe:
  Kastanienblatt – Blatt einer Kastanie;
  Laubholz – Holz von einem Laubbaum;
  Hartholz – hartes Holz.

Die Ableitung

344 Wir unterscheiden verschiedene Arten von Ableitungen:
- das Anhängen von Suffixen an das Stammorphem bzw. an Wörter;
- Veränderungen im Inneren des Stammorphems (innere Ableitung);
- das Voranstellen von Präfixen vor das Stammorphem bzw. vor Wörter.

Ableitung mit Hilfe von Suffixen

345 Wörter können dadurch gebildet werden, daß an ein Stammorphem ein Suffix angehängt wird, z.B. Herz + -lich = *herzlich*; Rost + -ig = *rostig*; faul + -heit = *Faulheit*; Mann + -schaft = *Mannschaft*.
Suffixe können nicht allein stehen, sie sind unselbständig.

346 Der erste Teil des abgeleiteten Wortes ist der Träger der ihm zugrunde liegenden Sachbedeutung (*herzlich, rostig, männlich*). Er kann auch schon aus mehreren Teilen bestehen: *Herzlich/keit, Versäum/nis, Briefträger/in, viertür/ig.*

Die Bedeutung der Suffixe ist oft nur schwer bestimmbar. So ist es zum Beispiel 347
kaum möglich, die Bedeutungen von *-ig*, *-lich* oder *-isch* genau anzugeben. Deshalb kann man auch von der Bedeutung des Suffixes her nicht entscheiden, ob an
ein Stammorphem *-ig*, *-lich* oder *-isch* angehängt werden muß.

In vielen abgeleiteten Wörtern ist die Bedeutung des Stammorphems nicht mehr 348
voll enthalten. Eine *Mannschaft* muß keineswegs aus Männern bestehen, es gibt
auch Mädchen- oder Frauenmannschaften.

Jedes Suffix kann sich mit sehr vielen Stammorphemen verbinden, z. B. *schmutzig,* 349
witzig, fettig, gütig, lustig, listig.

Die Kenntnis der Suffixe ist wichtig für die Beherrschung der Groß- und Klein- 350
schreibung. Wenn ein Wort auf ein Substantivsuffix endet, wird das Wort groß
geschrieben. Adjektivsuffixe am Wortende weisen auf Kleinschreibung.

Innere Ableitung

Innere Ableitungen von einer Wortart in die andere kommen meist dadurch zu- 351
stande, daß sich im Inneren des Stammorphems eine Veränderung vollzieht.
- Bei Ableitungen von starken Verben verändert sich der Stammvokal: *trinken –*
  der Trank, sprechen – die Sprache, binden – das Band.
  Manchmal wird zusätzlich noch ein Konsonant verändert, z. B. *ziehen – der*
  Zug, reiten – der Ritt, gehen – der Gang.
- Eine besondere Form der inneren Ableitung ist der Wechsel von einer Wortart
  in die andere, wobei das Wort selbst unverändert bleibt. Am häufigsten wird
  der Wechsel in die Wortart des Substantivs vollzogen (Substantivierung), z. B.
  essen – das Essen, blau – das Blau (des Himmels), *drei – eine* gute *Drei* (als
  Zensur).

Ableitung mit Hilfe von Präfixen

Wörter können auch dadurch gebildet werden, daß einem Wort bzw. einem 352
Stammorphem ein Präfix vorangestellt wird, z. B. laden – *beladen*, raten – *ver-*
raten; Glück – *Unglück*, Verständnis – *Mißverständnis*; wichtig – *unwichtig*, plötzlich – *urplötzlich*.

Fast wie Präfixe werden auch einige Präpositionen und Adverbien gebraucht, 353
z. B. *ab-, an-, auf-, aus-, durch-, los-, über-, um-, unter-, zu-.*

Das Präfix hat mit dem Suffix gemeinsam, daß beide an ein Stammorphem bzw. 354
an ein Wort treten, daß sie die Bedeutung des Stammorphems verändern und daß
sie sich mit sehr vielen Stammorphemen verbinden können.

Das Präfix unterscheidet sich dadurch vom Suffix, daß es ein Wort nicht in eine 355
bestimmte Wortart einordnet. So kann zum Beispiel das Präfix *miß-* in Substantiven (*Mißbilligung*), Verben (*mißbrauchen*) und Adjektiven (*mißmutig*) auftreten.

4.2. Zusammensetzungen bei den einzelnen Wortarten

4.2.1. Die Zusammensetzung beim Substantiv/Nomen

4.2.1.1. Grundwort und Bestimmungswort

356 Bei zusammengesetzten Substantiven/Nomen ist das Grundwort immer ein Substantiv, z. B. das Hoch*haus*, die Straßen*bahn*, der Pflaster*stein*.

357 Das Bestimmungswort eines zusammengesetzten Substantivs kann von verschiedenen Wortarten stammen, z. B. von Adjektiven (*Roh*stoffe), von Verbstämmen (*Fahr*rad), von Numeralien (*Vier*eck) und von Adverbien (*Außen*stelle).

358 Sowohl das Grundwort als auch das Bestimmungswort zusammengesetzter Substantive können selbst Zusammensetzungen sein, z. B. *Maschinen/schraubstock, Groß/kraftwerk; Straßenbau/arbeiten, Lebensmittel/geschäft; Hochsprung/weltmeister, Braunkohlen/tagebau.*

359 Zwischen Grund- und Bestimmungswort bestehen Bedeutungsbeziehungen, z. B. *das Vergrößerungsglas* – ein Glas zum Vergrößern, *das Reagenzglas* – ein Glas für Reagenzien (chemische Stoffe), *das Sonnenschutzglas* – ein Glas zum Schutz gegen die Sonne.

360 Mit Hilfe von Grund- und Bestimmungswort können ganz unterschiedliche Beziehungen zum Ausdruck gebracht werden, z. B. Zweck (*Waschmaschine, Liegestuhl*), Ort (*Waldwiese, Dorfstraße*), Material (*Wellblechdach, Holzplatte*), Ursache (*Brandschaden, Verkehrsunfall*), Form (*Zwiebeldach, Haubenlerche*), Größe (*Riesenbaum, Zwergpudel*), Zugehörigkeit (*Kinderkleidung, Bücherschrank*), Zeit (*Mittagessen, Sommerurlaub*).
Wie vielfältig diese Beziehungen sind, soll an zwei Beispielen gezeigt werden.

Gleiches Grundwort – verschiedene Bestimmungswörter:
Was man aus einem Glas trinkt: *Wasser*glas, *Likör*glas, *Wein*glas, *Sekt*glas, *Bier*glas.
Welchem Zweck ein Glas dient: *Zahnputz*glas, *Reagenz*glas, *Deck*glas, *Einweck*glas, *Brillen*glas, *Spiegel*glas, *Vergrößerungs*glas.
Aus welchem Material das Glas besteht bzw. wie es hergestellt wurde: *Plexi*glas, *Blei*glas, *Preß*glas, *Draht*glas, *Schaum*glas.
Welche Eigenschaften Glas aufweist: *Hart*glas, *Milch*glas.

Gleiches Bestimmungswort – verschiedene Grundwörter:
Gegenstände aus Holz: Holz*tür*, Holz*hammer*, Holz*spielzeug*, Holz*bank*, Holz*baracke*.
Menschen, die Holz bearbeiten: Holz*schnitzer*, Holz*bildhauer*, Holz*fäller*.
Werkzeuge für Holz: Holz*bohrer*, Holz*schraube*.
Produkte, die aus Holz hergestellt werden bzw. aus Holz entstehen: Holz*kohle*, Holz*teer*, Holz*asche*.
Plätze oder Formen für die Lagerung von Holz: Holz*platz*, Holz*schuppen*, Holz*stapel*, Holz*stoß*.

4.2.1.2. Zusammensetzung mit Bindestrich

In längeren zusammengesetzten Substantiven/Nomen steht – der Übersichtlichkeit wegen – oftmals ein Bindestrich, z. B. *Haushalt-Mehrzweckküchenmaschine* oder *Haushalt-Mehrzweck-Küchenmaschine.*
Der Bindestrich wird in folgenden Fällen gesetzt:
- Der Durchkoppelungsbindestrich verbindet einzelne Teile des Bestimmungswortes mit dem Grundwort oder das Bestimmungswort mit dem mehrteiligen Grundwort, z. B. *Georg-Büchner-Preis, ABC-Waffen-frei, b-Moll-Tonleiter; Arbeiter-Unfallversicherungsgesetz.*
- Der Erläuterungsbindestrich wird gesetzt, wenn in der Zusammensetzung drei gleiche Vokalbuchstaben zusammentreffen, z. B. *See-Elefant, Tee-Ernte,* oder wenn Wörter mit Einzelbuchstaben bzw. Abkürzungen zusammengesetzt werden, z. B. *E-Lok, S-Laut, R-Gespräch, UNO-Vollversammlung, Lkw-Anhänger.*

4.2.1.3. Zusammensetzung beim Fremdwort / Wichtige fremdwörtliche Wortbestandteile

Auch unter den Fremdwörtern gibt es viele zusammengesetzte Substantive. Wir geben im folgenden eine Übersicht über wichtige fremdsprachige Wortbestandteile und deren Bedeutung.

Wort-bestandteil	Bedeutung	Beispiele
ad-	zu	Addition, Adverb, Adjektiv
aero	Luft	Aeronautik, Aerodynamik
agro	Acker	Agronom, Agrotechnik, Agrobiologie
anti	gegen	Antibiotikum, Antipathie (Gegensatz: Sympathie)
aqua	Wasser	Aquarell, Aquädukt, Aquarium
astro	Stern	Astrologie, Astronom, Astronautik
atom	Baustein, chem. Element	Atomenergie, Atombombe, Atomphysik
auto	selbst	Autobus, Automat, Autogramm, Autor
bios(s)	lebens-	Biologie, Biochemie, Biographie
brutto	ohne Abzug	Bruttogehalt, Bruttogewicht
des-	ent-, un-, miß-	Desinfektion, Desinteresse
dia	durch, quer	das Dia(positiv), Diagonale, Diagramm
dis-	ab-, ent-, miß-, zer-	Disqualifikation, Disharmonie
ego	ich	Egoist
ex-	aus, ehemalig	Export, Extrakt, Explosion, Exminister
fakt	Tatsache	Faktenwissen, Faktor
final	am Ende befindlich, Zweck	Finale, Finalprodukt, Finalsatz
fix	fest	Fixstern, Fixierbad, Fixativ
geo	Erde	Geographie, Geometrie, Geologie
gramm	Geschriebenes	Stenogramm, Monogramm, Grammatik
graph/-f	Schreiber	Seismograph, Biograph, Fotograf, Telegraf
graphie/-fie	Schreibung, Beschreibung	Orthographie, Biographie, Fotografie, Stenografie
helio(s)	Sonne	Helium, Heliotop
hemi	halb	Hemisphäre, hemizyklisch

Wort-bestandteil	Bedeutung	Beispiele
human	menschlich	Humanismus, Humanität
hydr(o)	Wasser	Hydrat, Hydrant, Hydraulik, Hydrokultur
ideo	Idee	Ideologie, ideographisch
inter	zwischen, zusammen	Interesse, international, Interview
kausal	ursächlich	Kausalbestimmung, Kausalität
kosmo(s)	Welt, Universum	Kosmos, Kosmonaut, Kosmodrom
lith(os)	Stein	Lithographie, Lithograph
manu(ell)	mit Hilfe der Hand	Manuskript, Manufaktur
mikro(s)	klein, sehr klein	Mikroskop, Mikrofilm, Mikrobe
mini(mus)	sehr klein	Minimum, Miniatur, Minigolf
mono(s)	ein, allein	Monokultur, Monolog, Monogramm, Monopol
morph(e)	Gestalt, Form	die Morphologie, das Morphem
multi	viel	Multiplikation, Multimillionär
part (pars, partis)	Teil, Anteil	Partei, Parzelle, Partie
phil(os)	Freund, liebend	Philosoph, Philharmonie, Philatelie
phon(o)/fon	Ton, tönend	Telefon, Magnetophon, Mikrofon
photo(s)/foto	Licht	Foto, Fotokopie, Photosynthese
pseudo	falsch, täuschend, unecht	Pseudonym, Pseudowissenschaft
pyr(o)	Feuer	Pyrotechnik, Pyrotechniker
radi(us)	Strahl	Radioempfänger, Radiotherapie
real	wirklich	Realismus, Realität, Realisierung
seismo(s)	Erdbeben	Seismograph, Seismogramm
sozial	gesellschaftlich	Sozialarbeiter(in), Sozialpolitik, Sozial-versicherung
stereo(s)	räumlich	Stereoanlage, Stereobild
sub-	unter	Subtropen, Subjekt, Subtrahend
super	über, übergroß	Superlativ, Superempfänger
sym-/syn-	gleich, gemeinsam, zusammen	Symphonie, Sympathie, Symptom, Synthese, Syntax
tele	Ferne	Telefax, Telefon, Teleskop, Television
thek	Sammlung	Bibliothek, Diskothek, Artothek
therm(e)	Wärme	Thermometer, Thermosflasche, Thermalbad
trans-	jenseits, hinüber	Transport, Transit, Transformator
ultra	jenseits, über ... hinaus	Ultraschall, ultraviolett, Ultramikroskop
zentral	in der Mitte gelegen	Zentrum, Zentrale, Zentralasien

363   Es gibt auch zusammengesetzte Substantive, deren einer Teil aus einem deutschen und deren anderer Teil aus einem Fremdwort besteht, z. B. *Thermosflasche, Schlagerfestival, Haarspray, Phosphorsäure, Dezimalwaage.*

4.2.1.4. Zusammensetzung bei Eigennamen

364   Auch Eigennamen (↑ Z 125) können zusammengesetzt sein. Zusammengesetzte Vornamen werden oft mit einem Bindestrich geschrieben, z. B. *Hans-Gert, Klaus-Jürgen, Frank-Michael.*
Zusammengesetzte Vornamen können auch zusammengeschrieben werden, z. B. *Hansjürgen, Karlheinz, Annemarie.*
Behält jemand nach der Verheiratung seinen Geburtsnamen bei und verbindet ihn mit dem neuen Namen, so entstehen Doppelnamen wie *Meier-Schulze, Kühne-Weigelt.*

Auch bei Ortsnamen finden wir häufig Doppelnamen, die durch Bindestrich ver- 365
bunden sind, z. B. von ehemals selbständigen Orten, die in eine Großstadt einge-
meindet wurden: *Berlin-Schöneberg, Leipzig-Möckern, Rostock-Lütten Klein,
Hamburg-Altona, München-Schwabing,* oder von Orten, die zu einem vereinigt
wurden: *Annaberg-Buchholz, Garmisch-Partenkirchen, Ribnitz-Damgarten,
Hohenstein-Ernstthal, Wanne-Eickel.*

Man benennt Städte, Straßen, Schulen, Einrichtungen u. a. häufig mit dem Vor- 366
und Familiennamen hervorragender Persönlichkeiten, um diese damit zu ehren.
Hier wird meist der Durchkoppelungsbindestrich verwendet, z. B. *Albert-
Schweitzer-Straße, Heinrich-Heine-Schule, Martin-Luther-Universität, Robert-
Koch-Krankenhaus.*

Zusammengesetzte Substantive, die als Personennamen nur den Familiennamen 367
enthalten, werden in der Regel ohne Bindestrich geschrieben, z. B. *Goetheschule,
Röntgenstrahlen* (nach Wilhelm Conrad Röntgen, 1845–1923, der diese Strahlen
entdeckte), *Dieselmotor* (nach Rudolf Diesel, 1858–1913, der diesen Motor
erfand), *Litfaßsäule* (nach E. T. Litfaß, 1816–1874, einem Berliner Buchdrucker,
der die Idee für diese Anschlagsäule hatte) und *Schrebergarten* (nach D. G. M.
Schreber, 1808–1861, einem Leipziger Arzt, der die ersten Gärten dieser Art
anlegen ließ).

4.2.1.5. Die Wortfuge

Bei den meisten zusammengesetzten Substantiven werden die beiden Teile ein- 368
fach aneinandergefügt, z. B. *Auto + Scheinwerfer = Autoscheinwerfer, Fahrrad +
Klingel = Fahrradklingel.*
Die Nahtstelle zwischen den beiden Bestandteilen zusammengesetzter Wörter
nennt man Wortfuge.

Bei manchen Zusammensetzungen treten in die Wortfuge bestimmte Buchstaben, 369
die man Fugenelemente nennt. Beim Substantiv sind die wichtigsten *-s-* oder *-es-,
-n-* oder *-en-* und *-er-.*
Für den Einsatz von Fugenelementen gibt es keine zuverlässigen Regeln. So ist es
möglich, daß nach dem gleichen Bestimmungswort in dem einen Fall das Fugen-
element fehlt (*Landkarte*), in anderen Fällen aber *-s-* (*Landsknecht*) oder auch *-es-*
(*Landeskunde*) eingefügt wird. Ebenso finden wir neben der Bildung *Ehrfurcht*
auch *Ehrenwort.*
Fugenelement *-s- (-es-)*:
*Rechtswissenschaft, Lebensversicherung; Landeshauptstadt, Bergeshöhen, Lobes-
hymne.*
Fugenelement *-n- (-en-)*:
*Scheibenwischer, Scheunentor, Bauernhaus, Treppenhaus, Familienname, Augen-
braue, Taschenlampe.*
Fugenelement *-er-*:
Kinderspielzeug, Bilderrahmen, Bücherschrank, Eierschale.

4.2.2. Die Zusammensetzung beim Adjektiv und beim Partizip

370   Viele Adjektive und Partizipien sind zusammengesetzte Wörter, z. B. *eiskalt, hellrot, umweltfreundlich; wohlklingend, buntgemustert.*

371   Auch zusammengesetzte Adjektive und Partizipien bestehen aus Grundwort und Bestimmungswort, z. B. *handwarm, hochgewachsen, frohgestimmt.*
Das Adjektiv oder Partizip ist dann stets das Grundwort. Das Bestimmungswort kann entweder ein Substantiv (*stein*hart, *gold*glitzernd), ein Verbstamm (*rutsch*fest) oder ein Adjektiv (*hell*blau, *dunkel*gekleidet) sein. Grundwort und/oder Bestimmungswort können auch Ableitungen sein, z. B. feuer*gefährlich*, drei*eckig*, weit*verbreitet*; *verbesserungs*fähig, *ordnungs*liebend, *bemerkens*wert.

372   Zusammengesetzte Adjektive und Partizipien werden klein geschrieben, auch wenn das Bestimmungswort ein Substantiv ist, z. B. *abgrundtief, mondhell, kirschrot; holzverkleidet, schneebedeckt.*

373   Zwischen die Teile des zusammengesetzten Adjektivs oder Partizips können die Fugenelemente *-(e)s-* oder *-(e)n-* treten, z. B. *hilfsbedürftig, verantwortungsbewußt, todesmutig; seitenrichtig, blumenübersät, menschenleer.*

374   In bestimmten Fällen werden zusammengesetzte Adjektive auch durch Bindestrich verbunden, und zwar dann, wenn die Teile so selbständig sind, daß man sie nicht zu einem Wort zusammenfügen möchte, z. B. *wissenschaftlich-technische Entwicklung, physiologisch-chemisches Institut, ein französisch-italienischer Spielfilm.*

375   Auch beim zusammengesetzten Adjektiv bestehen zwischen Grund- und Bestimmungswort unterschiedliche Bedeutungsbeziehungen, z. B. *federleicht* – so leicht wie eine Feder, *regenarm* – arm an Regen, *wasserdicht* – dicht gegen Wasser, *einsatzbereit* – bereit zum Einsatz, *gesundheitsschädlich* – schädlich für die Gesundheit.

376   Viele zusammengesetzte Adjektive bringen Vergleiche zum Ausdruck, die der Veranschaulichung einer Eigenschaft dienen, z. B. *taghell* – so hell wie am Tage, *erbsengroß* – so groß wie eine Erbse, *spiegelglatt* – so glatt wie ein Spiegel, *pfeilschnell* – so schnell wie ein Pfeil.

377   Eine Reihe zusammengesetzter Adjektive bezeichnet Farben, z. B. *ziegelrot, weinrot, feuerrot; dunkelblau, himmelblau, stahlblau.*
Durch solche zusammengesetzte Adjektive können weiterhin gekennzeichnet werden:
- eine Zwischenfarbe, z. B. *rotgelb – gelbrot, blaugrün – grünblau;*
- Farben von Fahnen, z. B. *blauweißrot, grünweiß, schwarzgelb, schwarzrotgolden.*

4.2.3. Die Zusammensetzung beim Adverb

Viele Adverbien sind Zusammensetzungen. Mit ihrer Hilfe können ganz unter- 378
schiedliche adverbiale Beziehungen zum Ausdruck gebracht werden:
Zeit: *seitdem, soeben, seinerzeit, vorhin*;
Ort: *überall, irgendwoher, bergauf, dorthin*;
Art und Weise: *glücklicherweise, ausnahmsweise, merkwürdigerweise*;
Grund: *deshalb, daher, infolgedessen.*

Viele zusammengesetzte Adverbien werden mit Hilfe von Adverbien, Präposi- 379
tionen und Pronomen gebildet, z. B. *hier + hin = hierhin, gerade + aus = gerade-
aus, in + zwischen = inzwischen, wo + her = woher, der + einst = dereinst.*

Wichtig ist die Kenntnis der richtigen Verwendung adverbialer Zusammen- 380
setzungen mit *her* und *hin.*
Das Adverb *her* bezeichnet die Richtung auf den Sprecher zu, das Adverb *hin* die
Richtung vom Sprecher weg. Um örtliche Beziehungen aus der Sicht des
Sprechers genau anzugeben, sind *her* und *hin* mit weiteren Wörtern verbunden
worden.

Zusammensetzungen mit den Adverbien *her* und *hin*

da	daher	dahin
dort	dorther	dorthin
hier	hierher	hierhin
wo	woher	wohin
auf	herauf	hinauf
über	herüber	hinüber
unter	herunter	hinunter
aus	heraus	hinaus
ab	herab	hinab
ein	herein	hinein
an	heran	hinan

Eine Reihe von Zusammensetzungen mit *her* und *hin* bringen Zeitbeziehungen 381
zum Ausdruck (*vorher, nachher, weiterhin*). Andere deuten auf Begründungen
hin (*daher*).

Bei der Silbentrennung von Adverbien ist darauf zu achten, daß nach Wort- 382
bestandteilen abgetrennt wird, z. B. *her-über, hin-über, her-auf, über-all, wor-auf.*

4.2.4. Die Zusammensetzung beim Verb

Beim Verb ist die Zahl der Zusammensetzungen geringer als beim Substantiv oder 383
beim Adjektiv. Als Bestimmungswort können Verben (*stehen*bleiben, *spazieren*-
gehen), Adjektive (*fertig*stellen, *fest*schrauben), Substantive (*rad*fahren, *maschine*-
schreiben) und Adverbien (*herbei*wünschen, *hinab*springen) auftreten.

384 Im Gegensatz zu zusammengesetzten Wörtern anderer Wortarten lassen sich die beiden Bestandteile zusammengesetzter Verben in manchen Fällen trennen, z. B. *annehmen* – Wir *nehmen* (euren Vorschlag) *an.*
Wir unterscheiden daher unfest (trennbar) und fest (untrennbar) zusammengesetzte Verben.

385 Die beiden Teile unfest (trennbar) zusammengesetzter Verben können im Satz einen prädikativen Rahmen bilden, z. B. *Wir <u>kommen</u> gern <u>mit</u>. Der Zug <u>fährt</u> um 17 Uhr <u>ab</u>* (↑ Z 57).
Dagegen bleiben die beiden Teile fest (untrennbar) zusammengesetzter Verben auch im Satz ungetrennt, z. B. *Wir <u>überreichen</u> euch ein Anerkennungsschreiben. Wir <u>unterbrechen</u> unsere Arbeit für kurze Zeit.*

- Beispiele für unfest (trennbar) zusammengesetzte Verben:
  mitschreiben, fortfahren, hochziehen, kurzschließen, teilnehmen, haushalten.
- Beispiele für fest (untrennbar) zusammengesetzte Verben:
  (eine Aufgabe) *übernehmen*, (ein Formular) *unterschreiben*, (ein Problem) *durchdenken*, (eine Frage) *wiederholen*.

386 Die fest und die unfest zusammengesetzten Verben haben unterschiedliche Merkmale, die in der folgenden Übersicht deutlich gemacht werden sollen.

Unfest (trennbar) zusammengesetzte Verben	Fest (untrennbar) zusammengesetzte Verben
– Bestimmungswort wird betont: *teilnehmen, aufholen, abbrechen*	– Grundwort wird betont: *übernehmen, wiederholen, unterbrechen*
– Bildung des Partizips II mit *ge-*: *teilgenommen, aufgeholt*	– Bildung des Partizips II ohne *ge-*: *übernommen, wiederholt, unterbrochen*
– *ge-* entfällt, wenn bereits ein Präfix vorhanden ist: *vorbereitet, aufbewahrt*	
– Bildung des Infinitivs mit *zu*: *zu* tritt zwischen Bestimmungswort und Grundwort (Zusammenschreibung): *teilzunehmen, aufzuholen*	– Bildung des Infinitivs mit *zu*: *zu* tritt vor den Infinitiv (Getrenntschreibung): *zu übernehmen, zu wiederholen, zu unterbrechen*

387 Es gibt einige wenige Verben aus gleichen Bestandteilen, die in einer Bedeutung fest und in einer anderen unfest zusammengesetzt sind, z. B. *überspringen* (↑ Z 436):

Der Hochspringer *übersprang* die 2-Meter-Marke (mit einem Sprung überwinden). = fest zusammengesetzt, Betonung im Infinitiv: *überspringen*, Partizip II: *übersprungen.*

Der Funke *sprang* zwischen den Kontakten *über* (von einer Stelle zur anderen). = unfest zusammengesetzt, Betonung im Infinitiv: *überspringen*, Partizip II: *übergesprungen.*

Solche Verben sind auch: *übersetzen, überziehen, umreißen, umstellen, umgehen.*

Zusammengesetzte Verben sind zu unterscheiden von Fällen, in denen die beiden **388**
Teile unverbunden nebeneinander stehen, also keine Zusammensetzungen sind
und getrennt geschrieben werden, z. B. *freisprechen* (von einer Anklage), aber *frei
sprechen* (ohne abzulesen); (jemandem oder etwas) *gleichkommen* (gleichen),
aber *gleich* (sehr bald) *kommen*; *zusammenfahren* (erschrecken), aber *zusammen*
(gemeinsam) *fahren*.

4.3. Ableitungen bei den einzelnen Wortarten

4.3.1. Die Ableitung beim Substantiv/Nomen

4.3.1.1. Die wichtigsten Suffixe

Mit Hilfe des Suffixes *-e* werden Substantive aus dem Verbstamm des Infinitivs, **389**
aus dem Stamm der Präteritumsform starker Verben und aus Adjektiven gebildet,
z. B. *liegen − die Liege, leuchten − die Leuchte, lehren − die Lehre; fuhr − die
Fuhre, lag − die Lage, sprach − die Sprache; breit − die Breite, lang − die Länge,
dicht − die Dichte.*

Mit Hilfe des Suffixes *-ei* wird häufig ein Ort bezeichnet, an dem eine bestimmte **390**
(berufliche) Tätigkeit ausgeführt wird, z. B. *Bäckerei, Färberei, Tischlerei,
Druckerei, Gärtnerei, Ziegelei.*
- Auch manche Wörter, mit denen die negative Wertung eines Verhaltens aus-
gedrückt werden soll, werden mit *-ei* gebildet, z. B. *Rüpelei, Drängelei,
Rempelei, Prügelei, Schmiererei, Lauferei.*
- Wörter mit dem Suffix *-ei* werden immer auf der letzten Silbe betont.

Mit Hilfe des Suffixes *-er* werden sehr oft Personen nach ihrer Tätigkeit (z. B. **391**
Lehrer, Fahrer, Maler, Schlosser; Angler, Leser) oder nach ihrer geographischen
Herkunft (z. B. *Amerikaner, Österreicher, Leipziger, Bremer*) bezeichnet.
Das Suffix *-er* bezeichnet auch manche Gegenstände nach einer Funktion, z. B.
Blinker, Empfänger, Sender, Schalter, Leuchter.

Mit Hilfe des Suffixes *-heit* werden Verhaltensweisen (z. B. *Feigheit, Faulheit,* **392**
Frechheit, Kühnheit, Trägheit) oder Zustände (z. B. *Sicherheit, Krankheit, Dun-
kelheit, Trockenheit, Einheit*) bezeichnet.

Das Suffix *-keit* wird ähnlich wie das Suffix *-heit* verwendet. Es wird statt *-heit*
benutzt, wenn der Stamm des betreffenden Wortes schon ein Suffix hat, z. B.
Öffentlichkeit, Wachsamkeit, Kostbarkeit, Kleinigkeit, Vergeßlichkeit.
- Besonders viele Wörter gibt es mit dem Suffix *-igkeit*, z. B. *Schnelligkeit, Feuch-
tigkeit, Gerechtigkeit, Helligkeit, Müdigkeit.*
- Manchmal sind Stämme mehrfach „erweitert", erst zum Adjektiv, dann zum
Substantiv, z. B. *glaub + haft = glaubhaft, glaubhaft + igkeit = Glaubhaftig-
keit,* aber: *Fluß + ig = flüssig, flüssig + keit = Flüssigkeit.*

394 Viele Substantive mit dem Suffix *-nis* sind von Infinitiven von Verben abgeleitet: *Erlebnis (erleben), Ergebnis, Bedürfnis, Erlaubnis, Erzeugnis;* andere von Partizipien II: *Gefängnis (gefangen), Verständnis, Gedächtnis, Vermächtnis.* Das Suffix *-nis* wird im Plural mit *ss* geschrieben: *das Verzeichnis – die Verzeichnisse.*

395 Das Suffix *-schaft* tritt in zahlreichen Wörtern auf, z. B. *Mannschaft, Lehrerschaft, Nachbarschaft, Urheberschaft, Eigenschaft.*

396 Auch das Suffix *-ung* ist in sehr vielen Wörtern unserer Sprache enthalten, z. B. *Mitteilung, Einladung, Meldung, Prüfung, Beschreibung, Versammlung, Erhöhung, Zerstörung, Entladung.* Der Reichtum an Substantiven mit *-ung* ist darauf zurückzuführen, daß sich sehr viele Verbstämme mit diesem Suffix verbinden lassen.

397 Mit den Suffixen *-chen* und *-lein* wird oft zum Ausdruck gebracht, daß ein Gegenstand klein ist, z. B. *Ringlein, Täschchen, Bäumchen.*
- In der Alltagsrede wird das Suffix *-chen* häufiger verwendet als das Suffix *-lein*, das wir vor allem in Märchen und in alten Volksliedern antreffen (*Tischlein deck dich! Ein Männlein steht im Walde ...*).
- Mitunter bringen die Suffixe *-chen* und *-lein* auch eine Verniedlichung zum Ausdruck, z. B. *Schätzchen, Dickerchen, Kerlchen, Männchen.*
- Auch Geringschätzung oder scherzhafte Drohung können mit Hilfe von *-chen* ausgedrückt werden, z. B. *Freundchen, Bürschchen.*
- Schließlich gibt es Wörter auf *-chen*, bei denen man nicht mehr an die Verkleinerung denkt, weil sie zu festen Bezeichnungen geworden sind, z. B. *Kaninchen, Mädchen, Ohrläppchen, Grübchen, Rippchen.*

398 Mit dem Suffix *-in* wird die weibliche Form von Personen- und Tierbezeichnungen gekennzeichnet, z. B.
- Berufsbezeichnungen: *Verkäuferin, Ärztin, Maskenbildnerin, Lehrerin, Schauspielerin, Professorin, Ministerin.*
- Bezeichnungen von Frauen, die in einem allgemeineren Sinne bestimmte Tätigkeiten ausüben: *Sportlerin, Käuferin, Kundin, Schöffin, Zeugin, Passantin.*
- Bezeichnung von Frauen, deren Herkunftsland oder -ort angegeben wird: *Inderin, Französin, Rumänin, Magdeburgerin, Berlinerin.*
- Bezeichnungen für weibliche Tiere: *Tigerin, Häsin, Löwin.*
Der Plural von Substantiven auf *-in* wird mit Doppel-*n* geschrieben: *Tänzerinnen, Studentinnen, Schülerinnen, Ansagerinnen.*

4.3.1.2. Suffixe in Fremdwörtern

Im folgenden geben wir eine Übersicht über häufige Fremdwortsuffixe: 399

Suffixe	Aussprachebesonderheiten	Beispiele
-age	[a:ʒ ə]	Bandage, Blamage, Spionage, Garage, Montage, Sabotage
-ie	[i:]	Geologie, Geographie, Biologie, Zoologie, Energie, Philosophie, Chemie, Regie
	[i̯ə]	Prämie, Familie, Folie, Komödie, Tragödie
-ik		Republik, Mechanik, Technik, Fabrik, Physik, Musik, Leichtathletik, Politik
-ion		Kommission, Explosion, Religion, Union
-(t)ion	[tsi̯o:n]	Delegation, Provokation, Station, Operation, Organisation, Nation
-tät		Solidarität, Spezialität, Nationalität, Qualität, Humanität, Aktivität, Elektrizität
-ant		Kommandant, Proviant, Musikant, Protokollant, Konsonant, Passant
-ent		Präsident, Korrespondent, Student, Talent, Fundament, Instrument
-eur	[ø:r]	Monteur, Ingenieur, Kontrolleur, Regisseur, Konstrukteur, Redakteur
-ismus		Realismus, Optimismus, Pessimismus, Kapitalismus, Populismus
-ist		Solist, Spezialist, Komponist, Tourist
-or		Faktor, Direktor, Isolator, Phosphor, Transformator, Doktor
-ier	[i:r]	Offizier, Passagier, Turnier
	[i̯ər]	Spanier, Argentinier, Proletarier, Parlamentarier
	[i̯e:]	Atelier, Premier, Bankier

4.3.1.3. Ableitungen ohne Suffix

Die Bildung von Substantiven/Nomen aus Wörtern anderer Wortarten ohne An- 400
fügen von Suffixen bezeichnet man als Substantivierung/Nominalisierung.

Die substantivierten/nominalisierten Formen haben alle Merkmale der Substan- 401
tive/Nomen und werden groß geschrieben. Sie können einen Artikel (z. B. *der
Unerfahrene, das Wandern*), eine Präposition mit oder ohne Artikel (z. B. *für die
Behinderten, unter Fachkundigen*) oder Attribute (z. B. *ein strahlendes Blau,
zügiges Arbeiten*) bei sich haben.

Substantiviert werden können 402
- Verbstämme, wobei folgende Möglichkeiten auftreten:
  – Der Verbstamm wird unverändert zum Substantiv, z. B. *fallen – der Fall,
    halten – der Halt, schlagen – der Schlag, scheinen – der Schein, tanken – der
    Tank.*

- Bei der Ableitung (von starken Verben) ändert sich der Stammvokal, z.B. *dreschen − der Drusch, finden − der Fund, klingen − der Klang, binden − der Band.*
- Bei der Ableitung (von starken Verben) ändern sich Vokal und Konsonant, z.B. *gehen − der Gang, ziehen − der Zug, stehen − der Stand, sehen − die Sicht, drehen − der Draht.*

□ Infinitive von Verben, z.B. *das Anfahren, das Halten, das Rauschen, das Lachen, das Kommen und Gehen.*

□ Adjektive, z.B. *das Richtige, das Beste, das Modernste, der/die Kleine, der/die Kranke, der/die Blinde, der/die Neue.*

□ Partizipien I, z.B. *der/die Schreibende, der/die Studierende, der/die Vorsitzende, der/die Reisende; das Verletzende* (seines Verhaltens), *das Beglückende, das Überraschende.*

□ Partizipien II, z.B. *der/die Verunglückte, der/die Verheiratete, der/die Angestellte; das* (bereits) *Erwähnte, das* (bereits) *Bekannte.*

4.3.1.4. Die wichtigsten Präfixe

403   Das Präfix *miß-* bringt in der Regel eine negative Beurteilung bzw. einen negativ zu beurteilenden Sachverhalt zum Ausdruck, z.B. *Mißbilligung, Mißbrauch, Mißernte, Mißerfolg, Mißtrauen.*

404   Auch das Präfix *un-* bringt sehr oft negativ zu beurteilende Sachverhalte zum Ausdruck, z.B. *Unglück, Unfall, Unheil, Unkraut, Unwetter, Ungeheuer, Ungeziefer, Unart, Unrecht, Unsinn.*
- Mitunter verkehrt das Präfix *un-* die Bedeutung eines Wortes in ihr Gegenteil, ohne daß das Wort etwas Negatives zum Ausdruck bringt, z.B. *Unabhängigkeit, Unendlichkeit, Unkündbarkeit.*
- Bei Mengenbegriffen kann das Präfix *un-* soviel wie ,große Anzahl' bedeuten, also eine Verstärkung ausdrücken, z.B. in Wörtern wie *Unmaß, Unmenge, Unzahl, Unmasse, Unsumme.*

405   Das Präfix *ur-* dient meist zur Bezeichnung von etwas Ursprünglichem, Anfänglichem, aber auch zur Bezeichnung von Verwandtschaftsbeziehungen, z.B. *Urwald, Ureinwohner, Urmensch; Urgroßvater, Urgroßmutter.*

406   Substantive mit dem Präfix *ge-* sind oft von Verben abgeleitet, z.B. *Gebrauch, Gefäß, Gemisch, Gepäck, Geschenk, Gefühl, Gelächter, Gespräch.* In vielen Fällen enthalten sie zusätzlich das Suffix *-e,* z.B. *Getriebe, Gebläse, Gewebe, Gewinde, Gehege, Gedanke, Gehabe.*
Sie können aber auch aus Substantiven entstanden sein, wobei sie dann meist einen Umlaut aufweisen, z.B. *Gebälk, Gebüsch, Gemäuer, Gesträuch, Gehäuse, Gewölk, Gewässer, Gewitter.*

4.3.2. Die Ableitung beim Adjektiv

4.3.2.1. Die wichtigsten Suffixe

Deutschsprachige Suffixe

Mit Hilfe des Suffixes *-bar* werden viele Adjektive aus Verbstämmen gebildet. **407** Solche Adjektive drücken meist aus, daß die Handlung, die das Verb bezeichnet, mit einem bestimmten Gegenstand vorgenommen oder an ihm ausgeführt werden kann, z. B. *vergleichen − vergleichbare Werte, tragen − ein tragbares Fernsehgerät, brennen − brennbare Stoffe.* Weitere Beispiele: *zerlegbar, trennbar, dehnbar, fahrbar, lenkbar.*

Von manchen Verbstämmen können sowohl Ableitungen mit *-bar* als auch Ablei- **408** tungen mit *-lich* gebildet werden. Einige dieser Wortpaare sind bedeutungsähnlich, z. B. *beweglich − bewegbar, unvermeidlich − unvermeidbar.* Bei anderen gibt es wesentliche Bedeutungsunterschiede, z. B. *lösbar* (ein lösbares Problem) *− löslich* (Zucker ist wasserlöslich.).

Das Suffix *-haft* deutet oft auf eine besondere Art und Weise hin, z. B. *märchen-* **409** *haft, rätselhaft, schmerzhaft, herzhaft, lebhaft, zaghaft, nahrhaft.*

Adjektive mit dem Suffix *-ig* sind meist von Substantiven abgeleitet, z. B. *seidig,* **410** *farbig, fleckig, mächtig, würdig, kräftig, vorsichtig, listig, zeitig,* aber auch von Verbstämmen, z. B. *findig, wendig, zuverlässig, holprig, zittrig.*
- Adjektive mit dem Suffix *-ig* können sich auf Personen beziehen (*mutig, fleißig, gelehrig, zornig, eifrig*), aber auch auf Gegenstände (*billig, staubig, eckig, wuchtig, dreiblättrig*).
- Es ist zu beachten, daß das Suffix *-ig* am Wortende wie *-ich* gesprochen wird. Tritt an das Suffix *-ig* eine Endung, wird es wie *-ig* gesprochen, z. B. *tüchtige Menschen.*
- Wenn der Wortstamm des Adjektivs auf *l* endet, besteht die Gefahr, daß man das Suffix *-ig* mit dem Suffix *-lich* verwechselt. Darum muß man beim Schreiben untersuchen, ob das *l* zum Stamm oder zum Suffix gehört, z. B. *eilig = eil-ig, kleinlich = klein-lich.* Weitere Beispiele: *einmalig, rechtwinklig, vollzählig, langweilig, mehlig, ölig, neblig.*

Adjektive mit dem Suffix *-isch* bezeichnen oft Eigenschaften von Personen, z. B. **411** *neidisch, närrisch, zänkisch, angeberisch, mürrisch, erfinderisch, kämpferisch.*
- Besonders häufig tritt das Suffix *-isch* bei Ableitungen von Eigennamen auf, z. B. *polnisch, italienisch, afrikanisch, europäisch.* Sind solche Adjektive mit dem Suffix *-isch* Bestandteil eines Eigennamens, werden sie groß geschrieben, z. B. *Fränkische Schweiz, Finnische Seenplatte, Friesische Inseln.*
- Bei Adjektiven auf *-isch,* die von Personennamen abgeleitet sind, fällt das *i* oft aus. Auch diese Adjektive werden meist groß geschrieben, z. B. *Lessingsche Fabeln, Bachsche Orgelwerke, Hauffsche Märchen.*

- Besonders häufig tritt das Suffix -isch bei Fremdwörtern auf, z. B. *mathematisch, physikalisch, technisch, organisch, logisch*.

Es gibt auch eine Erweiterung des -isch zu -istisch, z. B. *realistisch, materialistisch, idealistisch*. Diese Adjektive beziehen sich auf ein entsprechendes Substantiv mit dem Suffix -ismus.

412   Adjektive mit dem Suffix -lich sind häufig von Substantivstämmen (z. B. *ängstlich, fürsorglich, brüderlich, friedlich, rechtlich*), aber auch von Verbstämmen (z. B. *beweglich, nachdenklich, mutmaßlich, zerbrechlich*) abgeleitet.

- Einige Adjektive auf -lich enthalten ein *t*, das beim Schreiben nicht übersehen werden darf: *wesentlich, gelegentlich, eigentlich*.
- Bei einigen Zeitbezeichnungen besteht ein Bedeutungsunterschied zwischen Bildungen auf -lich und solchen auf -ig, z. B. *dreistündig* (drei Stunden lang) – *dreistündlich* (alle drei Stunden). Ebenso sind zu unterscheiden: -*tägig* und *täglich, -wöchig* und *wöchentlich, -monatig* und *monatlich*.

413   Adjektive mit dem Suffix -er werden immer groß geschrieben, obwohl sie als Attribute bei Substantiven stehen, z. B. *Frankfurter Messe, Rostocker Hafen, Berliner Rathaus, Dresd[e]ner Zwinger*. Sie werden genauso geschrieben und gebildet wie die entsprechenden Bewohnerbezeichnungen (Er ist *Leipziger, Hamburger, Berliner, Dresd[e]ner, Münch[e]ner*.).

414   Adjektive mit dem Suffix -los bedeuten, daß das im Wortstamm Angegebene nicht vorhanden ist, z. B. *grundlos, sorglos, lieblos, schuldlos, rücksichtslos, gefahrlos*.

415   Das Suffix -mäßig gibt die Art und Weise an, in der etwas geschieht, z. B. *vorschriftsmäßig, gewohnheitsmäßig, rechtmäßig, gleichmäßig, planmäßig*. Das Wort *mäßig* kommt auch selbständig vor und hat dann die Bedeutung ‚im rechten Maß, maßvoll‘.

416   Das Suffix -sam tritt in relativ wenigen Adjektiven auf, z. B. in *langsam, einsam, wachsam, wirksam, furchtsam, erholsam, folgsam, kleidsam*.

Fremdsprachige Suffixe

417   Adjektive mit dem Suffix -al werden aus fremdwörtlichen Substantiven gebildet, z. B. *Zentrum – zentral, Katastrophe – katastrophal, Genie – genial, Dimension – (drei)dimensional*.

418   Auch Adjektive mit dem Suffix -ell werden aus fremdwörtlichen Substantiven gebildet, z. B. *Materie – materiell, Industrie – industriell, Finanzen – finanziell, Substanz – substantiell, Original – originell*.

Einige dieser Wörter sind von Ableitungen auf -al zu unterscheiden: *rational* (verstandesmäßig) – *rationell* (wirtschaftlich, effektiv); *original* (ursprünglich, echt) – *originell* (in seiner Art einmalig, eigentümlich).

Auch Adjektive mit dem Suffix *-iv* werden aus fremdwörtlichen Substantiven 419
gebildet, z. B. *Demonstration – demonstrativ, Explosion – explosiv, Intensität –*
intensiv, Aktivität – aktiv.

4.3.2.2. Die wichtigsten Präfixe

Adjektive können ebenso wie Substantive mit den Präfixen *miß-*, *un-* und *ur-* ver- 420
bunden werden (↑ Z 403–405), z. B. *mißmutig, mißverständlich; unabsichtlich,*
unzufrieden, unsicher, unschwer; uralt, urplötzlich, urkomisch.

In einigen Adjektiven finden wir das Präfix *ge-*, z. B. *gestreng, getreu, (ord-* 421
nungs)gemäß. Dieses Präfix ist nicht zu verwechseln mit dem *ge-* im Partizip II von
Verben: *gefragt, gesagt.*

Bei fremdwörtlichen Adjektiven gibt es einige Präfixe, die auch beim Substantiv 422
auftreten (vgl. Übersicht auf Seite 95 f.), z. B. *auto- (autobiographisch), inter-*
(international), super- (superelastisch).

Weitere fremdsprachige Präfixe enthält die folgende Übersicht: 423

Präfix	Bedeutung	Beispiele
a-/an-	nicht, im Gegensatz	anorganisch, asozial
extra-	besonders, außerordentlich	extrastark, extrafein
hyper-	mehr, übermäßig	hypermodern, hyperelegant
in-	nicht, im Gegensatz	indirekt, inkonsequent
ko-/kon-/kor-	miteinander, zusammen	koaxial, kongruent, konstant, korrekt
poly-[1]	viel	polytechnisch, polymer

4.3.3. Die Ableitung beim Adverb

Viele Adverbien sind mit Hilfe des Suffixes *-s* aus Substantiven oder Adjektiven 424
entstanden (↑ Z 294), z. B. *abends, montags, anfangs, falls, rings, teils; höchstens,*
meistens, mindestens, wenigstens.
Zu beachten ist, daß diese Wörter, wie alle Adverbien, klein geschrieben werden
(*abends*, aber *am Abend*; *montags*, aber *am Montag*; *anfangs,* aber *am Anfang*).
- Das Suffix *-s* finden wir auch in dem Wortbestandteil *-wärts*, der nicht allein
  stehen kann und zum Adverbialsuffix geworden ist, z. B. *aufwärts, abwärts,*
  westwärts, auswärts, vorwärts, landeinwärts. Dieses Suffix kennzeichnet die
  Angabe einer Richtung.
- Auch *Mal* verbindet sich mit *-s* und ist dann Bestandteil von Adverbien, z. B.
  oftmals, damals, jemals, nochmals, mehrmals.

---

[1] Dieses Präfix darf nicht mit dem Wort *poli* (von griechisch *polis* = die Stadt) verwechselt werden.
Wir finden es in *Politik, Polizei, Poliklinik* und *Politesse.*

425 Das Suffix -*weise* verbindet sich mit zahlreichen Wörtern und hat dabei, abhängig vom ersten Glied, unterschiedliche Bedeutung, z.B. *glücklicherweise, seltsamerweise, bedauerlicherweise, leihweise, strichweise, löffelweise, radfahrenderweise, besuchsweise.*

426 Weitere Suffixe bei Adverbien sind -*dings (neuerdings)*, -*lings (rücklings)*, -*maßen (einigermaßen)*, -*lei (einerlei)*, -*weg (vorweg)*.

4.3.4. Die Ableitung beim Verb

4.3.4.1. Die wichtigsten Suffixe

427 Jedes Verb hat im Infinitiv das Flexionsmorphem -*en* und wird dadurch in seiner Wortart gekennzeichnet (↑ Z 214). Das Morphem -*en* kann aber auch die Funktion eines Wortbildungsmorphems übernehmen, z.B. in Wörtern wie *salzen, färben, glätten, flüchten, kämpfen, werten, glücken, träumen.*

428 Das -*en* kann auch durch *l, r* oder -*ier* ergänzt oder erweitert werden. Man spricht dann von Suffixerweiterungen. Verben mit der Erweiterung *l* haben eine andere Bedeutung als die entsprechenden Verben ohne *l*, z.B. *streichen − streicheln, tanzen − tänzeln, lachen − lächeln.*
   - Unter den Verben auf -*ern* gibt es viele Schallnachahmungen, z.B. *knattern, plappern, scheppern, knistern, rattern, knuspern, wispern, zwitschern.*
   - Ein sehr häufiges Fremdwortsuffix ist -*ieren*, z.B. *addieren, fotografieren, trainieren, formulieren, elektrifizieren, ratifizieren.*
     Das Suffix -*ieren* kommt aber auch in einigen deutschen Wörtern vor, z.B. in *buchstabieren* und *halbieren.*

4.3.4.2. Die wichtigsten Präfixe

429 Die Präfixe beim Verb, die als Wörter allein nicht vorkommen, sind *be-, ver-, ent-, er-, zer-* und *miß-.*

430 Das Präfix *be-* hat zwei Funktionen.
   - Einmal macht es aus einem intransitiven Verb ein transitives (das also ein Akkusativobjekt bei sich haben kann) (↑ Z 232, 233), z.B. *antworten − beantworten, drohen − bedrohen, herrschen − beherrschen, wohnen − bewohnen, reisen − bereisen, schimpfen − beschimpfen, siegen − besiegen, strahlen − bestrahlen.*
   - In Verben, die von Substantiven abgeleitet sind, bezeichnet das Präfix *be-* – oft in ganz allgemeiner Bedeutung –, daß etwas (oder jemand) mit dem versehen wird, was das Substantiv benennt, z.B. *Bild − bebildern, Schrift − beschriften, Flagge − beflaggen, Siegel − besiegeln, Kleid − bekleiden, Glückwunsch − beglückwünschen, Einfluß − beeinflussen.*

Durch das Präfix *ver-* wird, wie durch alle Präfixe, die Bedeutung des einfachen 431
Verbs verändert. Zu manchen Verben mit dem Präfix *ver-* gibt es keine entsprechenden Verben ohne Präfix. Verben mit dem Präfix *ver-* haben beispielsweise

- die Bedeutung ‚Abschluß, Ergebnis einer Handlung‘:
  *hungern − verhungern, sinken − versinken, heilen − verheilen, graben − ver-
  graben*;
- die Bedeutung ‚auf bestimmte Weise anders machen‘:
  *verbessern, verbilligen, verdünnen, veredeln, vereinfachen, verschlechtern, ver-
  vollkommnen*;
- die Bedeutung ‚falsch machen‘:
  (sich) *verlaufen*, (sich) *verschreiben*, (sich) *versprechen*, (sich) *verrechnen; ver-
  schütten*;
- die Bedeutung ‚versehen mit etwas‘:
  verchromen, verglasen, versiegeln, versilbern, verzinken.

Bei der Schreibung von Verben mit dem Präfix *ver-* darf nicht übersehen werden,
daß zwei *r* auftreten, wenn der Wortstamm mit einem *r* beginnt, z. B. *verrenken,
verraten, verrechnen, verreiben, verrosten, verreisen.*

Auch das Präfix *ent-* verändert die Bedeutung des entsprechenden einfachen 432
Verbs, z. B. *entfallen* – ‚der Gedanke ist mir entfallen‘ (ich habe ihn vergessen).
Weitere Beispiele: *entnehmen, entleihen, entlaufen, enteilen, entwerfen, entstellen,
entsagen.*

Eine größere Anzahl von Verben wird mit dem Präfix *er-* gebildet, z. B. *erkalten* 433
(kalt werden), *erblühen* (voll aufblühen), *erfahren* (zu wissen bekommen), *er-
greifen* (festhalten), *erhellen* (hell machen), *erraten* (durch Raten herausfinden).

Während die Bedeutung der Präfixe *be-, ver-, ent-* und *er-* nicht einheitlich und 434
darum auch schwer zu erfassen ist, ist die Bedeutung des Präfixes *zer-* ziemlich einheitlich ‚auseinander, entzwei‘. Das zeigt sich beispielsweise bei folgenden Verben: *zerlegen, zerbrechen, zerschneiden, zerreiben, zerkleinern, zerkratzen, zer-
drücken, zerschlagen.*
Auch hier ist zu beachten, daß zwei *r* zu schreiben sind, wenn der Wortstamm mit
r beginnt, z. B. *zerreißen, zerreden.*

Das Präfix *miß-* hat auch bei Verben eine ins Negative weisende Bedeutung, z. B. 435
mißbilligen, mißglücken, mißlingen, mißfallen, mißhandeln, mißbrauchen.

Einige Wortbildungsbestandteile bei Verben sind gleichlautend mit Präpositio- 436
nen, werden aber wie Adverbien, manche sogar wie Präfixe verwendet:

ab	abfahren, abgehen, abnehmen
an	ankommen, anbinden, anblicken
auf	aufrichten, aufkleben, aufbrechen
aus	aussteigen, ausreißen, ausstreuen
ein	eingeben, einfliegen, einnehmen
los	losfahren, loslassen, losmachen
vor	vorschreiben, vorspielen, vorgeben

zu	zugeben, zulegen, zuführen
nach	nachahmen, nachdenken, nacherzählen
durch	durchbohren, durchwandern, durchkriechen
über	übersetzen, überfliegen, überschreiten
um	umfahren, umgehen
unter	unterstellen, unternehmen
wider	widersprechen, widerlegen, widerspiegeln

Diese Wortbestandteile können im Unterschied zu den Präfixen im Satzzusammenhang vom Verb getrennt werden (*loslassen – ich lasse los*).

Die Bestandteile *durch, über, um, unter* und *wider* treten in unterschiedlicher Bedeutung in fester und unfester Verbindung mit Verben auf (/ Z 387), z. B. *ich überspringe einen Punkt – ich springe über das Hindernis.* Diese Bildungen werden in der Wortbildungslehre teilweise als Zusammensetzungen, zum Teil auch als Präfixverben behandelt.

437 Die folgende Tabelle gibt einen Überblick über die wichtigsten Präfixe in fremdwörtlichen Verben:

Präfix	Bedeutung	Beispiele
de-	von – weg, herab, heraus	demaskieren (die Maske herunternehmen) demontieren (zerlegen, abbauen)
des- dis-	ent-, un- auseinander, Trennung	desinfizieren (entkeimen, entseuchen) diskriminieren (herabsetzen, herabwürdigen) disqualifizieren (von einem Wettkampf ausschließen)
re-	zurück, wieder	regenerieren (erneuern), recyceln (der Wiederverwendung zuführen) rekonstruieren (wiederherstellen) renovieren (erneuern, instandsetzen) reorganisieren (neugestalten, neuordnen)

4.4. Die Wortfamilie

438 Wortfamilien sind Gruppen von Wörtern, die durch Gemeinsamkeiten in der Herkunft und in der Bedeutung verbunden sind. Wortfamilien entstehen dadurch, daß bei der Neubildung von Wörtern auf vorhandene Wortstämme zurückgegriffen wird.

439 Zu einer Wortfamilie gehören alle Wörter mit gleichem Wortstamm. Sie können durch Zusammensetzung oder Ableitung entstanden sein.

440 In einer Wortfamilie gibt es „nahe" Verwandte, z. B. *fahren – abfahren,* aber auch „entfernte" Verwandte, z. B. *fahren – Furt* („Stelle in einem Fluß, die durchfahren werden kann').

Oft wird die Verwandtschaft zwischen zwei Wörtern erst sichtbar, wenn man die Zwischenglieder kennt. So sind die Wörter *hängen* und *Unabhängigkeit* miteinander verwandt, aber erst durch die Zwischenglieder *abhängen – abhängig – unabhängig* wird diese Verwandtschaft deutlich.

Eine Wortfamilie kann wie folgt aufgebaut sein:

441

Wortfamilie *sprechen* (knappste Übersicht)

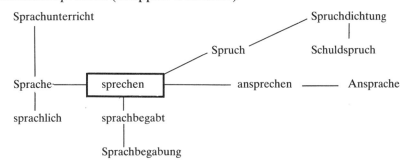

Wortfamilien zu wichtigen Bereichen des menschlichen Lebens bzw. der menschlichen Tätigkeit können einen großen Umfang haben, z.B. die Wortfamilien *fahren, gehen, ziehen, essen, sprechen, fließen.*

442

Übersicht über die Wortfamilie *fließen* (nicht vollständig)

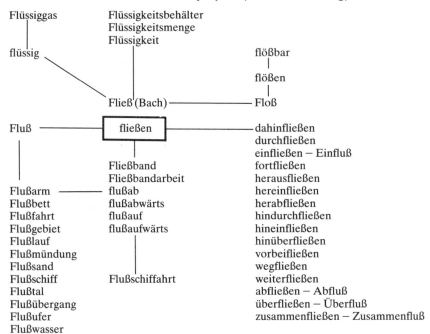

443 Oft kann man verwandtschaftliche Beziehungen zwischen Wörtern nur erkennen, wenn man ihre Geschichte verfolgt. Nur so ist es beispielsweise möglich, den Zusammenhang zwischen Wörtern wie *fließen* und *Flut* (,Ansteigen des Meeresspiegels') zu erkennen.

4.5. Abkürzungen und Kurzwörter

444 Abkürzungen und Kurzwörter sind im Bereich der geschriebenen Sprache geschaffen worden, treten aber auch in der gesprochenen Sprache auf.

4.5.1. Abkürzungen

445 Als Abkürzung werden meist Einzelbuchstaben oder Buchstabenfolgen aus einem Wort bzw. einer Wortgruppe verwendet.
- Abkürzungen mit Punkt:
  i. A. = im Auftrag, *vgl.* = vergleiche, *usw.* = und so weiter, *Dr.* = Doktor, *gez.* = gezeichnet, *S.* = Seite.
- Abkürzungen ohne Punkt:
  C = Kohlenstoff, *ha* = Hektar, *km* = Kilometer, *h* = Stunde, *A* = Ampere.
Alle Abkürzungen werden als das vollständige Wort bzw. die vollständige Wortgruppe ausgesprochen, die sie bezeichnen: *W* = sprich: Watt, *A* = sprich: Ampere, *Dr. med.* = sprich: Doktor med.

4.5.2. Kurzwörter

446 Ein Kurzwort ist ein zusammenhängender Teil eines längeren Wortes, z. B. *Auto* (eigentlich Automobil), *Foto* (Fotografie), *Labor* (Laboratorium), *Ober* (Oberkellner), *Lok* (Lokomotive), *Bus* (Omnibus), *Akku* (Akkumulator), *Abi* (Abitur), *Limo* (Limonade).

447 Zu den Kurzwörtern gehören die Buchstabenwörter (Initialwörter). Sie bestehen aus den Anfangsbuchstaben (Initialen) der Einzelwörter eines Namens oder Begriffes, z. B. *EG, BGB, EKG, USA, SPD, NOK.*
- In einzelnen Fällen werden auch Kleinbuchstaben in das Buchstabenwort aufgenommen, z. B. *GmbH* = Gesellschaft mit beschränkter Haftung, *Pkw* = Personenkraftwagen.
  Gesprochen werden diese Buchstabenwörter meist in Buchstabierweise, also Lkw oder LKW = *el-ka-we.*
- Einzelne Abkürzungen dieser Art werden auch wie Wörter ausgesprochen, z. B. *BAföG,* auch *Bafög* (Bundesausbildungsförderungsgesetz), *TÜV* (Technischer Überwachungs-Verein).

Eine andere Form der Kurzwörter sind Silbenwörter. Sie bestehen nicht aus den 448
Anfangsbuchstaben der Teile, sondern stellen eine Aneinanderfügung von Wort-
teilen dar, z. B. *Juso* = Jungsozialist, *Buga* = Bundesgartenschau.

Auch Kunstwörter sind eine Form des Kurzwortes. 449
Manchmal werden für Erzeugnisse der Industrie Namen erfunden, z. B. *Agfa* (aus
*A*ktien*g*esellschaft *f*ür *A*nilin*f*abrikation), *Odol* (zu *odont* [griech.: Zahn]), *Minol*
(zu *Min*eral*öl*), *Osram* (aus *Os*mium + Wol*fram*).

Sachregister